精益实践
建立一个精益的供需系统

BUILDING
a Lean Fulfillment
STREAM

[美] 罗伯特·马蒂琴科 (Robert Martichenko) 著
凯文·凡·格拉贝 (Kevin von Grabe)

精益企业管理咨询(上海)有限公司 译

人民东方出版传媒
People's Oriental Publishing & Media
东方出版社
The Oriental Press

推荐序一

质量是企业的生命,精益是企业提质增效的有效工具,为企业管理转型升级提供了清晰路径。精益既可以指导企业的经营生产,也可以助力企业的设计研发,精益管理涉及企业管理的方方面面,对于企业发展具有重要意义。

中国有 4000 多万家各类企业,中小微企业占比超过 95%,广大中小企业经过多年的发展,产品研发、质量管控、经营管理水平都有了很大的提升,为我国的经济发展、劳动就业、科技进步、社会稳定做出了巨大贡献。但不容否认的是,我国的广大中小企业是在改革开放后的几十年间迅速诞生、成长、发展起来的,是从物资短缺中走过来的,是很多本来没有做过工业或没有受过系统工业化训练的人逐渐摸索着做起来的。因此，在我们的一些企业中，难免或必然存在着粗放、浪费、品质差、质量低、成本高等不良现象，尤其是与日本、德国等企业管理较为系统、成熟、精细的国家相比，我们确实还有不小的差距。为此，国家制定了《"十四五"促进中小企业发展规划》，其中明确提出了九项重点工程，而中小企业质量品牌提升工程即为其中之一。中小企业应利用好政策的优势，借鉴国内外成功企业在质量管理和质量技术方法推广应用方面的经验，做好引进、消化和吸收，让好的方法为我所用，实现自身的良性发展，是一条较为符合我国实际的策略。而精益管理，正是这样一种适合广大企业学习运用且行之有效的方法。

《国民经济和社会发展第十四个五年规划和2035年远景目标纲要》明确提出，要"实施领航企业培育工程，培育一批具有生态主导力和核心竞争力的龙头企业。推动中小企业提升专业化优势，培育专精特新'小巨人'企业和制造业单项冠军企业"。国家大力倡导培育"专精特新"企业，其中的"精"是指"精细化"，而精益的理念刚好契合了精细化的概念。对于企业如何去做精细化管理，实现精细化目标，精益管理提供了答案。从这个角度来看，实施精益管理既符合企业自身发展的需求，也符合国家促进中小企业良好发展的期望。

我们认为，虽然精益管理的理念及方法首先诞生于日本，有些方面或许与我国的企业管理理念有所区别，但这并不妨碍我们学习和借鉴；虽然精益管理诞生于上个世纪，而随着这些年来工业领域的智能制造、数字化、工业互联网、物联网、供应链等技术的突飞猛进，为一些具体操作工具也插上了信息化的翅膀，作为一种系统的管理思想和方法，对于一些中小企业而言仍具有较高的实践价值。

我们理解，精益管理首先是一种思想、观念、意识，即作为企业管理者，在思想上要始终树立降低成本、减少浪费、持续改进、不断优化、提高质量、提升价值的意识，要认识到改进生产工艺流程无穷期、降低价值链上的各种成本费用无止境、提高产品质量无尽头、提升产品价值无终点。其次，精益管理是一个体系、系统、网络、链条，是一个企业全方位、全流程、全员都囊括其中、所有人要参与的全体行动，不是零星、局部、个别环节、某个人的单一行为。这就是说，精益管理必须整体动员，从企业高层到基层，从前端的原材料供应到后端的产成品交付及客户服务，从物资到厂房、机器设备再到资金以及人力资源等所有要素，都要纳入精益管理的系统之内，协同行动，才能将精益做好。最后，精益管理是通过一系列原则、标准、方法等具体工具实施的，是实践、行动和具体工作，这其中涵盖了很多科学管理方法，如戴明环、流程图、六西格玛、价值流图，以及若干数据分析、看板、图、表等具有特殊功能的管理手段。所以说，精益管理需要掌握这些原则，学习这些方法，并具体投入实践才行。

为了更好地推广精益思想，培育精益管理人才，精益企业中国（Lean Enterprise China, LEC）将《精益术语汇编》《均衡生产》《综观全局》《创建连续流》《精益物流——让物料流动起来》《建立一个精益的供需系统》这套在国外久负盛名的精益工具书引入中国，在国内翻译出版。这套书的引进，有利于在广大中小企业中培养一批懂精益、用精益的高水平质量人才队伍，为广大质量工作者学习精益提供帮助，同时，也必然有利于助力广大中小企业走专精特新之路，让企业更有生命力、竞争力和发展力，助力企业整体运行的质量提升。我们衷心希望，在全社会重视质量、发展质量、提升质量的大背景下，精益管理在建设质量强国的道路上能发挥更大作用！

宁金彪

中国中小企业协会副会长

推荐序二

多年以前就拜读过赵博士推荐的这本书的内部发行版本。这本书简明扼要、浅显易懂地阐述了企业如何建立一个精益的供需系统，以及这个系统能为企业带来的价值。

有些企业的管理团队清楚地认识到了精益供需系统的重要性，但在实际营运过程中仍然容易陷入传统模式，并不能有效地运用这个系统的内涵。有些企业虽然想实施这套体系，却不知从何处下手。所以，我很高兴得到这本书的指导，带着我和同人们一起学习，并在捷安特建立了类似的精益供需系统，让我们在实践的过程中事半功倍。

2020年初受新冠肺炎疫情的影响，全球企业的供需双方都发生很大的变化，让各个行业的从业者亲身体验到一个有效的精益产销链的重要性。以自行车行业为例，因为疫情改变了大家的出行习惯，加上一些国家鼓励骑行的政策，自行车行业竟然成为疫情影响的受益者，呈现需求暴涨。但是，许多自行车制造企业并不能有效地消化这些订单，因此业绩不如预期，反倒苦不堪言。原因就在于：一方面因突然大幅的需求增加造成产销失衡，另一方面因缺料、缺柜、缺人力而造成供应商断链。

所呈现的状况是，大量的订单完不成，交货周期一再加长，库存暴增，"流动"缓慢。这些现象正是一个缺乏精益供需系统的写照；既不能满足客户的需求，又大幅增加企业的营运成本。再加上近年来贸易保护主义抬头，区域经济盛行，导致许多原本的供需平衡被打破，企业长期建立起来的产业链也面临新的挑战。一些企业甚至不得不把短链及时化供应改为长链供应，当然这并不符合精益供需的原则。虽然有些企业为了短期运营不得已而为之，但为了长期的可持续性发展，仍需致力于恢复精益供需系统，持续改善流动，提升运营效率。

多年来捷安特公司一直致力于精益供需系统的营建与持续改善，构建了从市场端到供应链相对完整的信息流与情报流，这次由于疫情的影响多少还是会受到大环境的冲击，但相较于其他企业遭到的破坏较小，也能较快地从脱序状态恢复正常。

这本《建立一个精益的供需系统》可以为企业提供实操的指导。所以，在这个时间与出版发行这本书，对正需要建立或改善供需系统的企业而言，可以说是雪中送炭。

刘晓雨

捷安特（中国）有限公司总经理

2021年9月22日于昆山

推荐序三

何谓"精益的供需系统"？本书将一家企业的价值流，包括"研、产、供、销"的诸流程，分解为三个环节，分别是进料环节、生产制造环节，以及出货环节。然后根据精益思想，重新检视这些环节是否都按照流动、拉动和均衡生产的方法实施，以最低成本创造最大价值？流程中是不是还有消除浪费的改善机会？如何能为企业创造更多的利润？

进料环节要求企业的采购团队和供应商密切合作，一起探讨产品规格、订货与进货流程中的细节要求，以及遇到困难时问题解决的机制等。出货环节的终点不论是经销商还是直接客户，同样需要明确对方的需求，尽可能地去满足；如有短期无法达成的项目，则要及时说明困难并明确对策。总之，供应商是外购件设计与制造的源头，满足客户更是价值流的目的；企业亟须将前后两端融入"价值流"的大家庭，以发挥最大效益。

精益企业采用的检视方法主要是到实地去了解分析现状，并邀请跨部门团队一起讨论怎样才是理想状态；根据现状与理想状态的差距，选用不同的方法去缩短差距。如果现状与理想状态之间的差距太大，短时间内不容易完成，则拆分成若干阶段的未来状态。这种小步伐的改善行动能在短时间内让参与的员工和管理层看到现场的变化，并激发团队协作，这正是企业实施精益管理的正确道路。

全球著名品牌捷安特自行车最大的生产基地设在江苏省昆山，我有幸多次到现场参观学习。一辆自行车由数百个零件组成，包括自制件和外购件；捷安特自制件车间里有数以百计长短不同、弯度各异的车身铝管制造工位，在不可能实施单件流的情况下，采用小批量生产，设置超市，尽可能地让物料流动起来。后端的组装车间向前端工位拉动，并以均衡的生产方式完成组装。其出货环节是经过检查包装后，直接送上出货区的卡车，按要求送往不同地区的经销商或外销货柜码头。捷安特（昆山）是一个努力实施精益供需系统的工厂，值得推荐。

捷安特非常重视供应商，定期组织供应商学习精益生产，并安排参观互访活动。记得2012年我曾邀请捷安特前任总经理古荣生先生参加精益高峰论坛，分享供应商管理的经验。PPT的第一页就是古总带领供应商总经理周末骑行活动的照片，借活动锻炼身体，共同体验捷安特自行车的骑行感受，还能加强彼此认识，拉近主机厂和供应商之间的合作关系，真是一个好创意！良好的供应链基础为捷安特价值流增加动力，每当遇到困难时大家集思广益，共同寻求对策。今年年初听说古总退休后不幸于去年病逝，缅怀这位中国的精益先驱者，不胜悼念。

感谢LEC团队的钱高峰和张雪于2011年携手翻译本书，刘健和丁少磊审校，完成了本书作为内部参考书的第一版。感恩东方出版社合作出版精益工具丛书，并承中国中小企业协会作序推荐；捷安特（昆山）总经理刘晓雨先生根据自身经验，为本书的翻译稿把关审校，并亲自作序。希望本书能帮助读者认识精益的供需系统，实施后为中国企业创造价值。

赵克强博士，精益企业中国总裁

2021年10月

推荐序四

对于任何一家企业来说,理顺送给客户的产品流,以及来自上游供应商的材料流是很重要的任务。如果这两个流不顺畅,企业就很难设定一个稳定的生产节奏,不容易达到最低成本以及最小不良率的目标。更严重的是,无法有效建立安全库存,不能保证准时交货。

尽管有许多公司通过精益生产,在改善内部运营方面取得了重大的进展,但很少有企业关注到包括下游客户及上游供应商的整条价值流。传统思维是由制造商以大批量生产的方式发货给客户,自己承担运输费用。因为当时很少有人意识到大量库存以及过长的反应时间会导致总成本上的浪费,大家也就接受了这种经济批量的概念。同时，制造商又以同样的手段对付供应商，订单数量波动大，交货时间也不固定，并要求供应商支付运输费用。这种上行下效的运营方式，不可避免地造成了许多没有实际需求的订单与发货行为。

精益供需系统则与上述传统思维大不相同。精益的制造商要求客户，不论是主机厂、分销商还是零售商，按实际需要发出订单，然后按照这些产品实际被消耗的节奏来处理不同产品的订单。他们同时也按照原材料与零件被消耗的速度，向供应商提取所需的物品。

这种做法最大的挑战在于：精益的制造商需要向客户和供应商解释，采用这套不同的管理方法对相关的厂商有哪些好处。这不是件容易的差事，但精益的先锋们正勇敢地和他们的战略合作伙伴一起，肩并肩地跨越这个障碍。

长期以来，美国精益企业研究院（LEI）意识到减少信息流和订单流的波动是个非常重要的课题，唯有这样才能建立起一个从供应商到客户的平稳的产品流。但直到认识罗伯特·马蒂琴科和凯文·凡·格拉贝之后，才发现他们已经开发出一套容易理解，并已被证实的系统，来迎接这项挑战。

罗伯特和凯文两个人加起来在精益供需系统方面有超过25年的经验。他们早年在丰田汽车公司建立印第安纳州工厂时，帮助设计了丰田供应商和主机厂之间的运营系统。他们还帮助丰田把北美工厂的物流系统整合为一系列的交叉货仓和"送牛奶"的运输路线。这使得丰田尽管在北美面临不同的地理环境、运输系统及供应商能力差异等问题，却仍然可以像在日本一样实现均衡、流动以及高频次的发货和运输。

本书中罗伯特和凯文将会以虚构的 ABE 公司为例，展示他们将精益引入供需系统的过程。这个案例会描述实施的步骤及其给 ABE 带来的巨大影响。

我们知道读者从事的行业各有不同，而每个行业都可能会面临一些特殊的挑战，再加上与供应商的关系也不同，因此面对的问题可能有很大差异。但是我们认为基本原理却是大致相同的，因此请读者先关注整个案例，再去思考其不同点。

我们希望你能够成功地把贵公司的供应链转变为一个敏捷、平稳流动的精益供需系统，带给客户更多的价值，同时也为公司的员工、投资者以及合作伙伴创建一个健康的价值流。

吉姆·沃麦克

精益企业研究院总裁

2010年4月

目 录
Contents

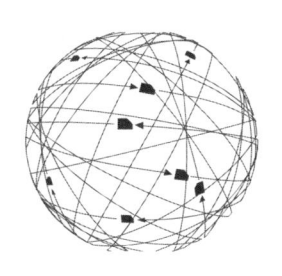

引言　/ 001

第一部分　精益供需系统　/ 005
什么是精益供需系统？　/ 007
欢迎来到 ABE 公司　/ 009
供需系统的总成本　/ 012
供需系统委员会　/ 014
指导原则　/ 015

第二部分　从现状开始　/ 021
选择从哪里开始　/ 023
现状信息　/ 027
ABE 公司绘制现状图　/ 035
计算供需系统的总成本　/ 039

第三部分　展望未来状态 / 047

　　六个改善区域的规划 / 049

　　建立一个实施计划 / 058

　　从分析到执行 / 059

　　指定一位负责推行的领导者 / 062

　　实现未来状态 / 063

　　记住以下几点 / 064

第四部分　客户合作和出货物流 / 067

　　客户合作 / 069

　　出货物流 / 084

　　ABE 公司出货物流的改善 / 097

第五部分　发货、收货、货场管理以及物料采购 / 101

　　发货、收货以及货场管理 / 103

　　针对 ABE 公司所有产品进行的货场改善 / 114

　　物料采购 / 117

　　针对 ABE 公司所有的产品实施物料采购改善 / 125

第六部分　进货物流和供应商合作 / 129

　　进货物流 / 131

　　ABE 公司进货物流方面的改善 / 142

　　供应商合作 / 145

第七部分　持续改善　/ 163

　　新的现状　/ 166

　　持续改善　/ 171

精益企业中国（LEC）/ 173

引言

许多年前，丰田在日本的生产控制和物流部门开始优化从原材料到客户的供需系统。为完成这个目标，他们提出了两个关键的概念：供需系统的总成本，以及各部门与企业之间的团队合作。同时鼓励大家善用精益工具，包括均衡生产、拉动信号以及及时供货等，作为这两个概念的支撑。

供需系统的总成本是集价值流上所有相关产品制造成本的总和，因为每个中间产品的生产及运营费用最终都由客户来承担。目前大多数公司都以个别部门来计算成本，例如：采购部门支付给供应商的单件产品价格，制造过程中的返工成本，某个分销中心的库存连带成本，或者是从公司到客户的产品运输成本，等等，但很少有公司从贯穿整个供需系统的角度来计算这些活动的总成本。这个总成本的概念可以改变各部门和企业经理的思维方式，为企业带来意想不到的共赢效益。

一旦经理们接受了总成本最小化的目标，跨部门和跨公司协作就会变成一个必要条件。他们会要求大家一起来调查当前的供需系统，确定运行的总成本，并通力合作，建立起一个让大家都能从中受益的供需系统。

日本企业通过协作，共同创建精益的供需系统是一项创举。丰田汽车公司的一个明显优势在于它与供应商通过相互持股，紧密地捆绑在一起。它们共享同一个物流渠道，因此丰田可以要求其产品和物流的供应商以丰田市为中心，建立紧密结合的价值流。这既改善了物流系统，也简化了解决问题的通道，更重要的是丰田可以要求各公司及部门的经理们一起去现场观察供需系统，找出问题，并且有效地实施精益改善。

对于这本工具书的读者而言，会面临许多不同的挑战。挑战主要集中在狭窄的部门概念，例如：采购部门关注产品的单件价格，或者要求供应商支付运输费用；生产部门追求人员和设备的高利用率，以降低表面的制造成本。以上这些做法通常会导致过量生产和多余的库存。不幸的是，许多下游的客户与上游的供应商也同样在物流、采购及生产环节采取类似的做法。

贵公司是否有人曾经尝试过计算总成本，甚至想要降低供需系统的总成本呢？答案很可能是"没有"。要想突破这个瓶颈，需要一种新的思维方式，以及一套新的关键参数。

在这本工具书中，我们会教你一些方法去帮助相关部门和其他企业一起探讨建立一个精益供需系统的可能性。我们会与你分享几项精益供需系统的关键准则，同时展示如何运用目视化、如何计算供需系统的总成本，然后进入到本书最为重要的核心：如何促进与部门及企业之间的合作，一起来实现总成本的最小化。

遵循美国精益企业研究院（LEI）其他工具书的传统，我们将以一个案例来进行讲解，向大家展示 ABE 公司如何认识现状、展望未来状态、制定出实施计划，并逐步实现精益供需系统的转型。

让我们开始吧！

罗伯特·马蒂琴科、凯文·凡·格拉贝

于南卡罗莱纳州及肯塔基州

2010 年 4 月

第一部分　精益供需系统

第一部分　精益供需系统

什么是精益供需系统？

欢迎来到 ABE 公司

供需系统的总成本

供需系统委员会

指导原则

什么是精益供需系统？

当今社会，大多数产品都需经过好几家公司，以及内部许多不同的部门，才能到达最终客户的手中。由于物料的流动过程非常复杂，企业一般很难掌控其产品从供应商到企业，乃至最终到客户手中的整个过程。当然，许多过程是由相关公司的人员完成的，但制造商的管理层对于超越自身收发流程以外的工作通常都一无所知，既不知道这些工作由谁做、在何时何地做，以及做什么，也不愿意去关注这些问题。

企业通常将物料从供应商至客户的整个流动过程定义为"供应链"。但"链"给人的感觉是粗重且不灵活，易于发生缠绕和干扰。它是静态的而非动态的。在链环体系中，管理者往往忽视从开始到结束整个过程中"价值"的流动，而仅关注如何最优化某个环节，该环节可以是一个过程、一个部门，或者是一家公司。

企业要想建立一个稳定并不断进步的物流体系，必须学习如何应用精益理念中的平稳流动，体系中相关的供应商以及工厂都必须对服务客户做出相当的贡献。我们把从零部件供应商开始到最终成品的所有流动过程称为**精益的供需系统**，它包含物料的流动以及信息的传递等各项活动，比如：计划、采购、运输、制造、检验、存储、包装、销售，以及整个过程的管理。

  一旦管理者认识到自身是精益供需系统中的一分子，他们便会很快地找出价值流不顺畅的原因。但由于整个供需系统并不能由某个人或者某家企业来掌控，因此各企业之间需要建立一种新的协作模式，以提高响应客户需求的速度，同时降低供需系统的总成本。我们可以通过以下一家企业的实例，来学习如何在端到端的供需系统中实现精益。

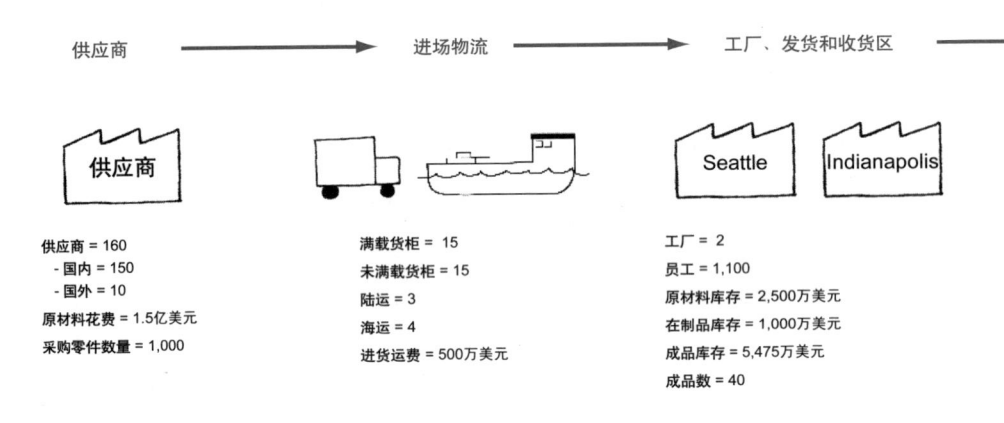

供应商 → 进场物流 → 工厂、发货和收货区

供应商
供应商 = 160
- 国内 = 150
- 国外 = 10
原材料花费 = 1.5亿美元
采购零件数量 = 1,000

满载货柜 = 15
未满载货柜 = 15
陆运 = 3
海运 = 4
进货运费 = 500万美元

Seattle   **Indianapolis**
工厂 = 2
员工 = 1,100
原材料库存 = 2,500万美元
在制品库存 = 1,000万美元
成品库存 = 5,475万美元
成品数 = 40

ABE 运营概况

欢迎来到 ABE 公司

ABE 是一家私人控股的中等规模企业，生产商用及住宅的空调系统，通过分销商销售。虽然 ABE 的生产规模并不大，但其原材料到最终成品的整个供需系统却十分漫长和复杂，涉及 160 个供应商，通过 37 个承运商，才能将物料运至 ABE。这些材料会在两个工厂组装成 40 种不同的成品，随后通过 6 个不同的承运商送到 3 个不同地区的配送中心，最后再经由 17 个承运商将成品运送至 10 个国家的批发商手中。

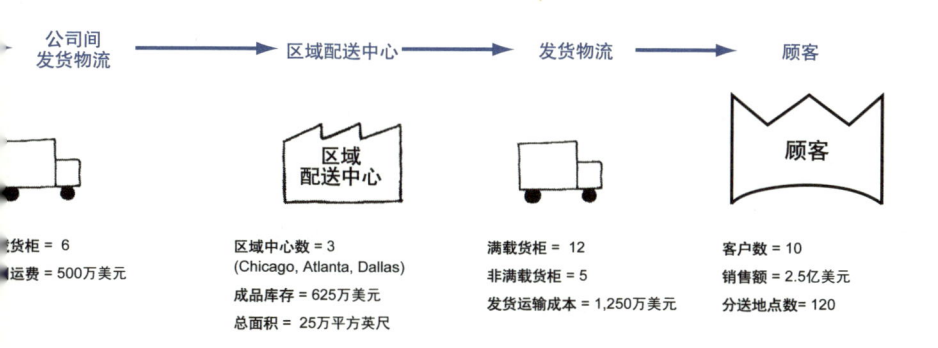

公司间发货物流 → 区域配送中心 → 发货物流 → 顾客

货柜 = 6
运费 = 500万美元

区域中心数 = 3
(Chicago, Atlanta, Dallas)
成品库存 = 625万美元
总面积 = 25万平方英尺

满载货柜 = 12
非满载货柜 = 5
发货运输成本 = 1,250万美元

客户数 = 10
销售额 = 2.5亿美元
分送地点数 = 120

第一部分　精益供需系统　／　009

近几年，ABE 通过实施精益生产已经能做到以较低的价格、较高的质量，以及更短的响应时间来满足客户的需求。典型的精益改善比如改善生产设备的稳定性、建立产品族生产单元以取代以往的工艺群、减少生产批量等，创造了令人惊叹的成果。这些努力使得 ABE 在市场上进一步降低价格的同时，还能继续维持利润率。

但是客户持续不断地要求更低的价格、更高的质量，以及更快的响应速度。价格竞争导致 ABE 产品的息税前利润几乎为零。公司董事会要求 ABE 的执行层降低成本，考虑将生产环节搬迁到劳动成本低的国家，尽管这可能导致较长的运输距离与交货时间。

ABE 的财务总监在进行评估后得出以下结论，要想维持利润，必须在稳定销售的基础上，两年内降低 2000 万美元的总成本。（ABE 的财政状况见下一页的收益表及资产负债表）

ABE 的高层经理们在讨论当前形势时，回顾了这些年来公司实施精益的改善过程。他们运用战略部署为企业的需求设定优先级，并确立目标，然后通过 A3 的方法去分析，应用戴明博士 PDCA 的科学方法去实现这些目标。这使得公司在改善工艺设计的同时，还在企业内部形成了一种开创性的文化和积极面

ABE 公司收益表

收入	现状	占销售百分比
销售	$250,000,000	100.0%
销售成本		
原料采购	$150,000,000	60.0%
进货运费	$5,000,000	2.0%
制造成本	$50,000,000	20.0%
合计：销售成本	$205,000,000	
利润	**$45,000,000**	**18.0%**
运营成本		
产品开发	$1,000,000	0.4%
出货及公司间运输	$17,500,000	7.0%
分销中心管理	$5,000,000	2.0%
销售与管理	$17,500,000	7.0%
利息	$1,500,000	0.6%
合计：运营费用	$42,500,000	17.0%
息税前利润(EBIT)	**$2,500,000**	**1.0%**

ABE 公司资产负债表

资产	现状
现金	$2,000,000
应收账款	$42,000,000
原料库存	$25,000,000
在制品库存	$10,000,000
成品库存	$61,000,000
总流动资产	**$140,000,000**
固定资产	$20,000,000
总资产	**$160,000,000**

负债及股东权益	
应付账款	$50,000,000
短期债务	$20,000,000
总流动负债	**$70,000,000**
长期债务	$30,000,000
总负债	**$100,000,000**
所有者权益	$60,000,000
资产负债及所有者权益合计	$160,000,000

对问题的良好氛围。鉴于过去的成功经验，他们一致认同用精益的方法来应对财务总监提出的挑战。

管理团队认为工厂里实施的精益改善可以持续，但想要在短期内达到财务总监提出的指标并不可行。同时他们也认识到，如果像许多竞争对手一样，一味将成本转嫁给供应商，只能暂时缓解成本压力，长期来看却会危害整条供应链的稳定性。

值得庆幸的是，管理团队中的许多成员从其他精益企业学习到了精益供需系统这个概念。

他们认为，要在两年内降低2000万美元的成本，最有效且可行的方法是降低供需系统的总成本。

供需系统的总成本

供需系统的总成本，指的是物料从供需系统的一端流向另一端所产生的成本总和。因此，总成本的概念远远超出了大多数企业所计算的运输成本，它包括库存的运输和存储成本、物料运输设备和劳动力成本、收集实时监控信息所需的管理成本，以及在供需系统中，从一端到另一端所产生的运输、库存、搬运和管理等方面的成本。整个供需系统的总成本之高往往令企业的高层管理者难以置信。

ABE 的管理团队决定降低供需系统的总成本时，意识到这次改革对供应商、客户以及公司内中低层管理者而言都将是一次思维方式的革新。对于公司的中低层管理者而言，以前实施精益生产时已经具备了在其职能范围内管理价值流的能力，然而对于供需系统的总成本，他们却从来没有涉及过，也不知道该体系究竟对实现 ABE 的财务目标会有什么作用。于是他们很自然地会问：什么是精益供需系统？什么是总成本？为什么不能只控制各自部门负责的成本？同样地，供应商和客户也会有类似的疑问。

ABE 的高层管理者在考虑如何制定执行方案时，回顾了过去实行精益改善的经验。在大多数成功案例中，团队都能认识到集体的目标，并考虑到某一个行动对其他部门所产生的影响。这种协作精神往往能取得最佳的成效。将这个概念扩展到精益供需系统中，则意味着必须联合客户和供应商，在整个体系中以最低的成本获得最大的价值，并分享收益。

ABE 的管理者认识到要想成功地实施精益供需系统，相关部门及企业需要对两个核心的理念达成共识：

- 处于精益供需系统最终端的企业必须对"价值"做出界

定,把成品的消耗速度作为整个供需系统的节拍。要想做到这一点,必须将整个过程作为一个**精益的供需系统**来管理。

● 为了实现**供需系统的总成本**最小化,供需系统中不同的企业需要明确认识到,任何关系到整个精益供需系统的决策都必须大家共同参与。

供需系统委员会

ABE 的管理者决定组建一个高效并具有创新意识的团队,邀请 ABE 各职能部门,包括财务、运营和采购等高层管理者,以及供应商和客户的代表,组成了一个供需系统委员会。

委员会成员的任职通常为两年,至少一年,至多三年,以确保供需系统转型的成功。在这段时间内,委员会需要每季度总结一次项目的进展情况。

供需系统委员会对精益供需系统的转型提出前瞻性的建议和指导,但不做日常决策管理。他们会关注供需系统整体的方向,并研究相关问题,同时检讨那些违背供需系统理念并具有风险的程序,作出改善的决策。

供需系统委员会的责任:

- 发展、交流并督促管理层履行供需系统的指导原则。
- 从供需系统总成本的角度评估企业的决策。
- 识别并消除违背供需系统总成本理念的障碍。

供需系统委员会需要面对的问题是，**为了使总成本最小化，什么样的运营方式才是正确的？**要回答这个问题，委员会需要就一些基本指导原则达成共识。

指导原则

为什么供需系统的管理层需要一个指导原则？因为供需系统是一个每天都可能有变动的系统，要对每一个决定做详细的分析是不切实际的。举例来说，丰田有一条指导原则，缩短产品的交付时间。管理人员无须花费时间去验证这一决策的正确性，只需根据指导原则去执行。长久以来的实践已经证明了缩短前置时间可以消除浪费、提高质量并且降低成本。

多年的实践表明，以下八条指导原则对于创建一个精益供需系统是十分有效的。

（1）消除供需系统中的一切浪费，仅保留有价值的行动

创建精益供需系统需要各部门协调配合、共同努力。精益供需系统的根本理念在于消除浪费，仅仅保留有价值的活动来实现和谐发展。

在精益生产过程中有七大浪费，即过量生产、等待、搬运、过度加工、库存、动作和返工。而供需系统中的七大浪费指的是：

- 系统复杂性——计划系统中的安排与实际工作不匹配

- 前置时间——步骤间的等待时间

- 运输——工厂和各企业之间不必要的运输

- 空间——加工需要的场地大小是决定生产价值流的一个因素，过度的存储空间是一种浪费

- 库存——供需系统中每一个环节的库存

- 人为因素——精益供需系统中的成员没有通力合作，导致返工、工作情况混乱，以及重复动作等

- 包装——货物的数量及型号的错误导致损坏、过量的库存，以及下游的返工

（2）在供需系统中尽量将成品的消耗情况对所有成员可视化。

如果客户的消耗过程能在整个供需系统中目视化，这将为每一个成员在制定需求拉动的系统中带来极大的优势。

（3）缩短前置期。

缩短进货和出货的前置期可以使产品更快地送到客户手中。如果一家公司能将产品前置期降到低于客户的预期，那这家公司就不再需要市场预测，可以直接通过拉动来满足客户的需求。一旦系统中的库存量减少，供需系统的前置期自然就会缩短了。

（4）创建连续流。

我们的最终目标是建立一个基于客户实际需求、可预测、稳定以及无中断的物料和信息的流动体系，也就是通常所说的连续流。其目的在于降低因为生产波动引起的不平衡及超负荷导致的浪费。

（5）使用拉动系统。

在连续流不可行时，使用拉动系统。拉动系统是一种库存补充的方式，比如看板，这种方式通过下游工位的消耗，向上游端发出需求信号。拉动系统降低了计划的复杂性，以及MRP

造成的过量生产，同时实现了物料流动的目视化管理。

（6）提高周转率，减少波动。

周转率是指信息和物料在供需系统中的移动速度。通过小批量、高频率的送货模式可以提高周转率，从而满足客户的需求。这种方式也有助于降低库存和前置期，从而可以配合客户的实际消耗，调整发货。

（7）合作并遵守程序。

供需系统中各成员之间的密切协作是一个必要条件，这样有利于找出系统中的问题，分析问题的根本原因，并制定适当的解决对策。要使这种协作方式真正见效，必须结合标准化作业及PDCA。

（8）关注供需系统总成本。

在供需系统中，我们有时可能需要牺牲某一方的利益，以实现整体的利益。这是创建精益供需系统面临的一个挑战，但如果所有成员愿意共享创建精益供需系统所带来的收益，这个目标就一定能够实现。

浪费之河

将你的企业或供需系统比作行驶在河流中的船舶。河流代表的是企业环境——水流很急,但下方隐藏着许多可能破坏船体的岩石。这些岩石代表企业可能面对的问题和浪费,包括过量生产、等待、搬运、过度加工、库存、动作和返工等。水位则代表整个供需系统的库存量,其中隐藏着许多问题和浪费。

当你顺流而下,可以采取以下三种行动:

- 绕开岩石航行,依靠管理者不断调整航行的路线,这是救火式的问题解决方式。

- 提高水位,即库存,越过岩石行驶过去。

- 暴露并移开这些岩石,以确保航行的安全性,并以最低的水位(库存)航行至目的地(客户)。

管理者通常都愿意提高库存,或将库存量保持在一个相当高的水平,其原因如下:

- 供应商交货不可靠,为保险起见,增加安全库存以保证安全。

- 运输的前置期不稳定,因此需要增加缓冲库存,来防止由于前置期变化带来的冲击。

●缺乏团队合作，因此通过建立部门之间的库存，来防止各部门间的协作不畅。

●缺乏与客户的交流，因此增加成品的库存量，来避免因不确定性而引起的损失。

库存隐藏着以上提出的问题。你的公司可以无视这些问题和浪费，继续提高库存，但过量库存最终会引发不可控的内部成本问题，使公司处于效率很低的运行状态，这就如同一艘失去控制、被高水位带离河岸的船只。企业的目标应该是逐步建立一个平稳且适于航行的环境，通过逐步降低水面高度，在不撞到岩石的前提下，暴露隐藏在水底的岩石，然后利用精益工具去移除这些岩石，从而永久性地解决问题。

第二部分　从现状开始

第二部分 从现状开始

选择从哪里开始

现状信息

ABE 公司绘制现状图

计算供需系统的总成本

当 ABE 公司的供需系统委员会成员初次聚在一起探讨供需系统及其总成本时，马上遇到了一个问题。他们虽然通过查看系统上的资料，找到平均的前置期、库存以及准时交付的平均水平，但并不知道当原材料和产品沿着供需系统流动的过程中发生了什么事情。为了获取这些信息，他们需要整个供需系统的现状图。

基于此，供需系统委员会组成了一个绘制小组，由各公司及经销商的代表组成，他们分别来自制造、采购、材料运送、运输及仓储等职能部门。（虽然供需系统委员会的一些成员也参加，但大家都明白这是两个独立的、有着不同目的的小组。）

绘制小组要想了解供需系统的实际状况，最好的方法是"到现场去"，看看真正发生了什么事情，而不是靠想象或者历史数据描述。这么做的目的就是要将当前的状况在一张纸上描绘出来，让相关人员都明白现状。

选择从哪里开始

绘制小组要从哪里开始？要跟踪哪些产品？怎样才能绘制出 ABE 公司的供需系统图？对于大多数公司来说，几乎不可能为每个产品绘制一幅现状图。不过，供需系统的许多问题往往通过某一个产品的流程就能得知大概。虽然每个产品的流程都不同，但公司的物流管理方式，比如批量大小、运输方法以及信息管理系统等都大同小异，因此，从绘制某个产品的过程中所学习到的，可以应用于其他产品。

> 为了理解供需系统的现状，我们需要：
>
> ● 选择一个产品进行研究，目的在于了解系统中典型的问题及潜在的改进机会。
>
> ● 观察该产品在供需系统中发生的种种情况，并达成共识。

让我们回到选择哪个产品的问题上来。一般来说，最好的方法是选择一个产量高且稳定的产品，我们称之为一个SKU（Stock Keeping Unit），以及需求量大且稳定的零件。绘制小组相信通过这两个流程，会为ABE公司供需系统中其他产品的流程改善带来很大的价值。

> **变动系数**
>
> 变动系数（COV, Coefficient of Variation）是需求稳定性的度量指标。比如变动系数 0.3 意味着在平均水平上有大约 ±30% 的变差。小的变动系数表明该产品的需求稳定，而大的变动系数则表明该产品的需求不稳定。通常情况下：
>
> 产品 A：COV < 0.2 = 稳定的产品需求
>
> 产品 B：0.2 < COV < 1.0 = 偏离稳定的产品需求
>
> 产品 C：COV > 1.0 = 不稳定的产品需求

要找出产量高而且稳定的产品有很多种方式，最简单的是咨询销售、物流和生产部门有经验的人员。不过，ABE 公司决定采用一种更严密的、基于数据分析的方法，使用散点图来展现需求数量和需求稳定性这两个关键变量之间的关系。

绘制小组收集了 ABE 公司 40 种产品为期十周的销售数据。因为供需系统关注的是物料流动量，而不是销售，因此将需求数量以件为单位来表示，而非销售额。

他们记录了各产品在十周内销售/订单的最小和最大数量，计算出每种产品需求数量的波动范围（最大值 - 最小值）、平均值和标准差，然后用标准差除以平均值得出变动系数 COV。接下来他们分别以每个产品的 COV 和周需求为坐标绘制散点图（如下），不同的散点区域显示出每个产品的周需求和变动系数之间的不同关系。通过分析，大家识别出 426 号产品是一种产量大且稳定的产品，可以用于绘制供需系统现状图。

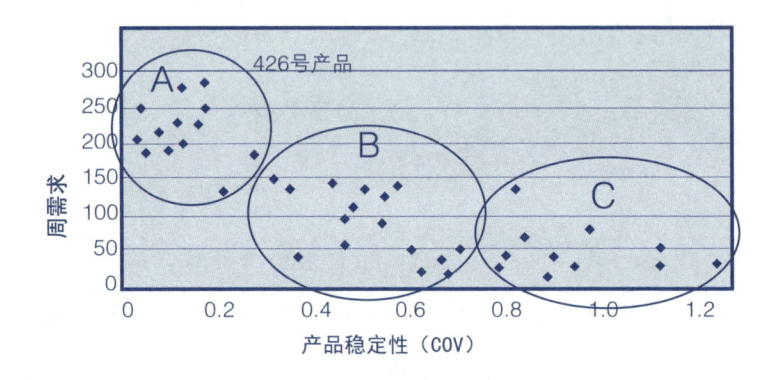

ABE 公司产品分类散点分布图

选择 426 号产品作为绘制的对象后，绘制小组还需要选择组成 426 号产品的某个零件来绘制供应商端的价值流。虽然产量大且稳定是重要因素，但供应商的表现和态度也很重要。ABE 公司期望参与合作的供应商在保证产品质量的前提下，有强烈的合作意愿从而达成共赢。最后，绘制小组选择了东部电器的

5054号零件作为供需系统中的零件。

现状信息

绘制小组准备开始绘制从东部电器的发货区,到客户西北HVAC分销中心的收货区的供需系统图。将要收集的信息如下:

总前置期

在一个供需系统中,总前置期等于所有加工、运输及储存时间的总和。它代表该零件从供应商,通过多个工序组装成成品,然后送给客户的时间。时间单位可以用分钟、小时或者天数来表述。总前置期由下面几个时间组成:

- **进货前置期**:从向供应商发出物料订单到收到物料的时间。

- **生产前置期**:从发出生产指令到完成生产的时间。

- **出货前置期**:收取客户订单、处理订单以及从成品仓库发货到客户的三个时间之和。出货前置期之所以重要,是因为它衡量了需要多长的时间才能满足客户的需求。它和经常使用的一些指标有所不同,比如从靠近客户端的分销中心对客户作出响应的时间。

- **原材料库存**：未加工的原材料的平均库存天数
- **成品库存**：成品的平均库存天数。

把这些数据相加得到总前置期：

进货前置期

+ 平均原材料库存天数

+ 生产前置期

+ 平均成品库存天数

+ 出货前置期
_____

总前置期

为什么要使用平均库存天数

平均库存天数表示通过库存消耗来维持生产的天数。举例来说，如果一条生产线有足够的零件库存来维持 30 天的生产供应，那么该零件的平均库存天数就是 30 天。

在供需系统中，平均库存天数之所以作为一个评价指标，是因为材料的补充是基于消耗。如果能把消耗的速率和补货的时间衔接起来，就可以减少库存，并加快流转的速度。因为完全消除库存是不现实的，所以目标是在维持供需系统稳定的同时，将平均库存降到最低的水平。

大多数公司都使用库存周转次数来衡量库存水平。我们为何要使用平均库存天数呢？原因是它可以让管理层直观地感受到库存数量和每天消耗量的关系。举例来说，如果某个产品的生产前置期是4天，却有20天的库存，因此实际库存是所需库存的5倍。

此外，有些公司将原材料库存、在制品库存及成品库存合并在一起，计算总的库存周转次数。根据我们的经验，这个数据是没有意义的信息。因此，我们建议将原材料库存和成品库存分开来考量。

计算平均库存天数

使用以下公式计算原材料库存及成品库存的平均库存天数：

> 原材料平均库存天数＝平均原材料的库存金额/平均每日消耗的金额
>
> 成品平均库存天数＝平均成品库存金额/平均每日销售金额
>
> 例如：某家公司进货材料的年度采购金额为1.5亿美元，该公司每年的工作天数为250天。依据财务报表，平均原材料库存为6000万美元。平均原材料库存天数的计算方式如下：
>
> 平均每日原材料用量＝1.5亿美元/250天＝60万美元/天
>
> 原材料平均库存天数＝6000万美元/60万美元/天＝100天

库存连带成本

绘制小组想要计算出供需系统中不同时间点持有库存的成本，即库存连带成本。连带成本的概念相当重要，因为过量库存，即持有比满足下道工序多余的库存，不仅占用现金流，还可能隐藏诸多问题。了解库存连带成本有助于分析供需系统中的浪费，以及消除浪费后带来的收益。

供需系统委员会和绘制小组与首席财务官一起计算出库存连带成本，并运用头脑风暴的方式确定了相关费用。这些费用一部分可以从财务报表中得到，另一部分则只能估算。他们确定了每个项目占平均库存金额的百分比，加起来共达 22%。这意味着每 1 美元的库存，其连带成本为 0.22 美元。下表显示了 ABE 公司的库存成本及库存连带成本的比率。

ABE 公司的库存总成本

成本*	库存百分比
资产成本 （财务采用年度平均库存的8%来计算）	8%
库存损坏	3%
库存保险	4%
库存报废（账面）	4%
库存缺失	3%
总库存连带成本	**22%**

*仅包括风险成本，其他成本诸如运输、储存会在其他环节详细处理

测量库存以及连带成本

库存连带成本用平均库存金额乘以连带成本的百分比得出。一般公司都很难确定这个百分比，因此分成两步会有帮助：首先列出库存连带成本的基本组成，然后预估每个部分的成本。最大的挑战是有些组成在传统的财务报表上找不到，只能依据经验估算。

精益的指标

除了总前置期和库存连带成本之外，绘制小组还需要确定可能影响供需系统的变数。他们收集了以下数据：

最小订单数量（MOQ）：订购某一产品的最小数量。可以适用于客户和供应商。

批量：批量应该是包装单位的倍数。

一个精益的供需系统，最小订单数量应该和批量相等，但出于运输成本等各种因素考虑，一般企业会自行决定最小订单数量。供需系统的成员们应该努力将这两个指标都降到最低水平。

节奏：客户需求的数量和频率决定了整个供需系统的节奏。不合拍的节奏会扰乱物料的平稳流动，导致不均衡的流动、库存积压和浪费。

举例说明，ABE向区域分销中心发送426号产品的频次是每月2次，每次500套。而区域分销中心向客户的发货频次是每周1次，每次250套。这两项活动的"数量/频次"并不相同，从而导致了不必要的库存。

> **节奏**
>
> 使用节奏的概念可以帮助大家把注意力放在客户需求上。在理想状态下，你可以计算出供需系统中每一个过程的需求节拍，然后通过拉动系统将所有的过程连接起来。
>
> 如果不能准确获得每个过程的需求节拍，你可以通过观察流经供需系统的物料，来确定其节奏。从客户需求的数量和频次开始，然后观察上游的过程，确定是否符合节奏。

供需系统的绩效

最终，绘制小组将收集的信息用来评估供需系统的绩效。使用**准时交货率**去衡量满足客户需求的效率，它不仅可以衡量服务的执行情况、给下游客户的交付情况，同时也可以衡量来自上游供应商的能力。虽然还有许多其他的指标，但准时交货率可以衡量为客户增值的绩效。

以下"八大原则"可以用来评估准时交货率：

（1）**正确的数量**：将正确数量的物料交付给下一个工序的比率。

（2）**正确的产品**：将正确的产品交付给下一个工序的比率。

（3）**正确的地点**：物料被运送到供需系统中正确地点的

比率。

（4）正确的时间：物料在正确的时间交付给下一个工序的比率。

（5）正确的质量：符合质量要求的物料交付给下一个工序的比率，包括物料的质量和信息的准确性。

（6）正确的来源：从供应商处采购正确物料的比率。

（7）正确的价格：企业按照计划的价格支付货款给供应商的比率。

（8）正确的服务：下游客户对服务表示满意的比率。

> **计算订单准时交货率**
>
> 计算订单准时交货率时，是将每个过程的准时交货率相乘，又称为累计达成率。这和制造过程中计算一次合格率的概念类似。累计达成率衡量了各个过程在不进行返工的情况下，满足客户需求的比率。
>
> 比如说：你抛一次硬币，得到正面的概率是50%，而如果你抛两次硬币，得到两次正面的概率就是1/2×1/2即25%。通常来说，介入的因素越多，越难以圆满地交付订单。

ABE 公司绘制现状图

现在可以让绘制小组去现场见证供需系统的实际运作了。为了帮助其他员工对小组的到访做好准备工作，绘制小组应该在去现场之前发出数据需求的信息。接下来到现场，尽可能实际观察整个供需系统。他们造访了出货区、货柜区及仓库等，从西北的分销中心开始，沿着供需系统直到东部电器。为了与那些未能实地参观的同事分享，他们在整个过程中拍摄了照片和视频，并做了笔记。

绘制小组尝试记录了零件和材料的流动，以及控制这些流动的信息。毫无疑问，他们不可能收齐所有数据，有些数据容易得到，有些数据却无法获得。不过这并没有让绘制小组气馁，他们知道绘制价值流图实际上就是一个学习观察的过程，最大的收获是认识到自己对于供需系统了解太少。

完成了现场的访问后，绘制小组设计了一个为期三天的活动，主要用来绘制并理解供需系统的现状、计算供需系统的总成本、研讨未来状态的改善，并为未来状态的改善制订一个实施计划。第一天，绘制小组主要着手绘制第一幅供需系统的现状图。

绘制小组成员从客户开始，逐步向上游延伸，大致描述了相关公司与部门及其在供需系统中的职责。他们展示了所收集到的 426 号产品及 5054 号零件的所有信息，然后将这些信息绘制在一张墙面大小的纸上，用以创建 ABE 公司的供需系统价值流图（参见附图 1）。这份大幅面的图最后被转换到一份单张简报大小（11 英寸 ×17 英寸）的纸上，同时被复制，并保存为电子文件。

跨越绘制的距离

在描绘供需系统的过程中可能有一项挑战，那就是供应商、工厂和客户之间可能远隔千里。如果无法实地去访问每一个地点，绘制小组应该通过数据、采访、照片、录像等方式了解这些地点的实际状况。

有了完整的价值流图摆在面前，绘制小组讨论了通过绘制现状图他们学到了些什么。供需系统图清晰地显示了供需系统之间相互关联的特性，即一个区域的活动直接影响另一个区域，一个地点的问题可能导致其他地点成本的上升。在绘制价值流图的过程中，部分成员往往想直接跳到问题的解决方案，去改善特定的问题，但他们现在更清楚地认识到，通过改善以提高效率、降低成本，必须建立在整个供需系统的基础上。

ABE公司的绘制小组耐心地分析了发现的问题及浪费，为了帮助大家集中注意力，并且易于管理追踪，他们将其分为六个方面：

- 客户合作
- 出货物流
- 发货、收货以及货场管理
- 物料采购
- 进货物流
- 供应商合作

> **策划一次绘制供需系统价值流图的活动**
>
> 基于供需系统的大小、复杂性及其他因素，绘制小组可能希望有更多的时间，但还是要尽量在三天以内完成。为期三天的绘制活动通常可以完成以下工作：
>
> 第一天：绘制现状图，识别问题，计算供需系统总成本。
>
> 第二天：将指导原则应用到供需系统图，发现问题，集思广益，提出问题解决方案，并绘制未来状态图。
>
> 第三天：组织对现状和未来状态之间的差异进行分析，着手制订改进计划。
>
> 关于如何绘制价值流图及价值流图相应的图标，可以参考麦克·鲁斯和约翰·舒克合著的《学习观察》一书。

团队成员从这六个方面来探讨运营中各项活动的定义、绩效及对价值流的影响，以期达成共识。他们去了解谁负责发出订单，以及发出的程序、何时发出、多少价值。他们找出在哪里使用预测或需求计划，以及因此所产生的多余库存和时间上的浪费。

有了这些信息，绘制小组评估了供需系统的现状，编制了一个"计分表",以确定其总体能力(详参第36—37页)。计分表记录了供需系统的各项指标、得分及计算方法。通过这些指标能发现供需系统中需要改善的地方。

计算供需系统的总成本

ABE公司的现状图中显示了信息流和物料流,但运营系统的设计则基于大批量、低频次,通过一个中央计划系统采用"推动"的方式运转。计划通常和下个步骤及客户的需求不同步,因此系统往往呈现出高库存、冗长的前置期,而且在大多数情况下,无法满足客户的需求。

通过426号产品的价值流图,绘制小组用目视化把该产品的流转信息展示了出来。基于对整个供需系统的了解,可得出如下结论:ABE公司的供需系统在效率、成本节约及客户服务等方面都存在巨大改善机会。

供需系统所有成本的总和以供需系统总成本的形式展现出来。

这些报表可以测量供需系统的改善对运营绩效的影响,同时还可以展示出这些改善对客户满意度、销售增加和成本降低的影响。绘制小组设计了一套供需系统总成本的模型,其中清晰地展示了各项成本和运营参数。当他们把总成本的信息分享给员工、供应商和客户之后,才能获得各层级对实施这些改善的支持。

ABE 公司系统指标

指标	指标值	计算方法	绘制小组的认识
前置期	72—129 天	前置期代表 5054 号零件从东部电器开始移动,通过整个供需系统,直至最终成为成品所需的总时间	在供需系统的各个过程中有明显的变差,为了减少这些变差的影响,供需系统的各层次都设置了库存
库存(平均库存天数)	89 天	总库存金额代表生产系统中的平均库存天数总和,其计算方法反映了不同地点的库存数量	每一个停滞点的库存,反映了前置期的长短——这些库存理想上来说,最好在新的材料流入前被消耗。如果绘制小组能够降低这些库存的水平,就能够缩短总前置期
总前置期	161—218 天	总前置期包含加工时间以及库存时间(以上两项之和)	供需系统总前置期过长,并且变动大,在缩短前置期和减少浪费方面存在大量的改进机会
产品及相关的库存成本(美元)	$3,034,500	总库存金额分布于供需系统的不同地点,用于计算库存连带成本	大量资金被供需系统中的库存所占用
426 号产品的库存连带成本(美元)	$667,590	绘制小组确定了 ABE 公司的库存连带成本为供需系统总库存的 22%	供需系统中降低库存的重要性。通过降低库存,可能带来可观的财务收益

续表

指标	指标值	计算方法	绘制小组的认识
订单达成率	6%	整个供需系统的一次性准时出货绩效,用8项正确性的绩效相乘得出	供需系统每100份订单中,只有6份完全满足8项原则的要求。从ABE分销中心准时交付给客户的达成率只有72%,而供需系统中仍然存在大量的返工和浪费
正确的数量	60%	将供需系统各环节的正确数量达成率相乘得出	包装、批量大小、最小订购量等政策是否会导致数量上的错误。譬如客户并没有按照包装的数量来订购货物
正确的产品	81%	将供需系统各环节的正确产品达成率相乘得出	需要确保分销中心的过程具备防止发错货物的能力
正确的地点	79%	将供需系统各环节的正确地点达成率相乘得出	需要评估客户服务的过程,比如确保正确的信息,从一开始就置入订单之中
正确的时间	52%	将供需系统各环节的正确时间达成率相乘得出	当某个订单无法满足客户交付期时,使用目视化的物流管理工具将其突显出来。建立一个有计划、积极主动的环境,将会帮助改善这项指标
正确的质量	73%	将供需系统各环节的正确质量达成率相乘得出	需要更严密的管控,以便在材料送给客户之前,识别出质量问题
正确的来源	94%	将供需系统各环节的正确来源达成率相乘得出	需要识别出关键的供应商,通过合作协议实现紧密的合作
正确的价格(成本)	67%	将供需系统各环节的正确价格达成率相乘得出	需要努力去确定与供需系统中不良绩效相关的真实成本
正确的服务	68%	将供需系统各环节的正确服务达成率相乘得出	需要确定客户的需求和抱怨,通过简单并且客观的指标,来向客户展示ABE公司的运作程序

通过对 426 号产品的观察，及评估财务报表得到的信息和数据，绘制小组估算了 ABE 公司的供需系统总成本，其计算方法是根据 426 号产品占所有产品的百分比推算得出（426 号产品大概占总销售 9% 的比例）。

绘制小组认识到每个产品都有差异，但总体来说，这个例子给了大家一个如何评估产品的思考方式。其实不需要等待所有产品的供需细节，因为那将是个相当漫长的过程，而且那样也不会提供更多的信息。ABE 公司从客户开始，上溯到供应商，确定了供需系统每一个主要环节相关的成本，并运用这些估算的成本建立起供需系统总成本报表（详参第 39~41 页）。

软成本和硬成本

有些人凭直觉就可以理解改善供需系统的价值，而另一些人则需要通过指标和数据来说服。他们的观念是供需系统包含了短期成本和长期成本，通常称为"软成本"和"硬成本"。举例来说，如果通过效率改善降低了运输成本，这就是一项硬成本，因为实际的成本节省会立即影响到净收益。

不过，如果改善的是分销中心对面积的需求，而这些场地在被卖掉或出租之前，公司仍需为此付费，这种成本则被认为是软成本，原因在于它不能立即从资产负债表中予以削减。不过，通过硬成本和软成本来定义节省违背了精益的目标，因为精益的目的是通过持续改进、消除浪费以降低软成本和硬成本，去实现可持续性的改善。

供需系统总成本报表

供需系统总成本	现状
对运营绩效的影响	
现金	$2,000,000
应收账款	$20,000,000
原材料库存	$25,000,000
在制品库存	$10,000,000
成品库存	$61,000,000
总库存	$96,000,000
订单达成率	6%
损益表影响——年度	
销售	$250,000,000
客户合作	
人工：从事客户服务及需求计划的人员工资	$200,000
与客户服务及需求计划相关的管理费用	$25,000
小计	$225,000

续表

供需系统总成本	现状
出货物流	
运输：客户相关	$13,000,000
运输：公司内部相关	$3,000,000
运输：加急运费	$1,500,000
分销中心：运营费用	$3,250,000
分销中心：场地费用	$1,750,000
人工：从事出货物流管理人员的工资	$350,000
用于出货物流的管理费用	$50,000
小计	**$22,900,000**
发货、收货及货场管理	
人工：发货人员的工资	$275,000
人工：收货人员的工资	$175,000
管理物料的运营费用	$25,000
搬运与管理物料的设备	$120,000
人工：货场管理的人员工资	$45,000
货场管理的设备费用	$60,000
用于储存货物的挂车或货柜	$100,000
小计	**$800,000**
物料采购	
人工：人事物料采购和计划的人员工资	$150,000
与物料采购和计划相关的管理费用	$35,000
小计	**$185,000**

续表

供需系统总成本	现状
进货物流	
运输：从供应商处进货	$3,500,000
运输：公司内部进货相关	$500,000
运输：进货加急运输费用	$1,000,000
人工：从事进货物流管理人员的工资	$250,000
与进货物流相关的管理费用	$25,000
小计	$5,275,000
供应商合作	
人工：从事供应商合作相关人员的工资	$500,000
与供应商合作相关的管理费用	$50,000
小计	$550,000
库存连带成本	
资产成本（财务按年度平均库存的8%计算）	$7,680,000
库存损坏(3%)	$2,880,000
库存保险(4%)	$3,840,000
库存报废：账面(4%)	$3,840,000
库存缺失(3%)	$2,880,000
总库存连带成本	$21,120,000
供需系统总成本	$51,055,000
供需系统总成本占销售额的比例	20.4%

第二部分　从现状开始　/　045

第三部分　展望未来状态

第三部分　展望未来状态

六个改善区域的规划

建立一个实施计划

从分析到执行

指定一位负责推行的领导者

实现未来状态

记住以下几点

六个改善区域的规划

第二天，ABE 精益小组开始回顾指导原则，并且评估现状以及供需系统的总成本。他们决心将指导原则应用到 6 个独立的环节上，从而建立一个覆盖整个供需系统的未来价值流图。

这 6 个环节包括：

- 客户合作
- 出货物流
- 发货、收货以及货场管理
- 物料采购
- 进货物流
- 供应商合作

> **指导原则**
> 1. 消除供需系统中的一切浪费，仅保留有价值的活动。
> 2. 在供需系统中将成品的消耗情况尽量对所有的成员可

视化。

 3. 缩短前置期。

 4. 创建连续流。

 5. 使用拉动系统。

 6. 提高周转率,减少波动。

 7. 合作并遵守程序。

 8. 关注供需系统总成本。

  精益小组专注于 426 号产品供需系统的未来价值流图。他们从西北公司的 HVAC 分销中心开始入手,遵循客户需求,创建均衡流的指导原则,向上游一直追溯到东部电器公司。他们把行动计划以文字呈现在现状图中,审视了现有的问题,考虑如何改善流程,并商讨达成未来价值流图的可行对策。

  他们提出了 6 个改善计划。

客户合作

  精益小组发现,ABE 供应给西北公司的产品数量和频率与实际消耗有明显的差异。配送中心每周发送250套426号产品，但是西北公司平均每天只消耗50套。这意味着每周有一天会有200套的库存在客户端等待。

他们同时发现西北公司已经有400套的缓冲库存。因此，西北公司的仓库里最多可能摆放了600套产品。

> **拉动系统和均衡生产**
>
> **拉动系统**：拉动系统是一种库存补充的方式。在这种方式下，下游单位向其上游单位发出需求信号。推式系统往往在下达指令时仅根据既定的计划，而不考虑下游的实际需要。拉动系统则致力于消除过量生产，在拉动系统中货物的补充量是由客户的消耗量来决定的。
>
> **均衡流**：均衡生产的目的是减少生产过程中的波动。这些波动可能会造成生产不均衡，乃至超负荷，导致库存的浪费。
>
> **看板**：看板是一种信号装置，拉动系统中生产和补料的信号。

西北公司真的需要这么多的库存吗？精益小组讨论了 ABE 应如何实施目视化的管理方式，保证每天及时发货，并确保发货量与实际消耗相匹配，同时要求整个供需系统消耗量的目视化。

精益小组提出建立一个拉动系统以加强西北分销中心、配送中心和 ABE 工厂之间的订货信息沟通。比如，西北公司一天消耗 50 套 426 号产品，可以直接向其配送中心发送提取信号。配送中心立即向西北分销中心运送 50 套产品，同时向 ABE 工厂发出需求信号，这时工厂再补 50 套产品给配送中心。精益小组把这个未来的订货过程加注到了供需系统的现状图上。

出货物流

ABE 要想根据客户的需求来拉动物料流动，就必须按照客户每天的需求节奏将成品发送给西北分销中心，这样可以均衡出货网络中的物料流动，并力求稳定。要想实现这一点，ABE 需要改变原先每周向西北分销中心出货 250 套的供货方式，改为每天出货 50 套。

当天配送的供货方式会减少 426 号成品在供需系统中的库

存，但还是需要准备一些缓冲库存来确保系统运行的稳定性。精益小组和配送中心的管理人员讨论了关于订货的过程，并与西北分销中心讨论了产品消耗的波动性，根据这些来决定库存量的多少以及存储地点。

从现状来看，ABE 在其下游有 1600 套的库存，其中 1000 套在配送中心，600 套位于西北分销中心。显而易见，这个库存量太大了。在未来状态价值流图中，建议将配送中心的缓冲库存减少到 100 套，通过每日配送的方式保证西北分销中心的库存保持在 50 套，并把 ABE 的成品库存从 125 套减少到 25 套。

精益小组通过仔细计划发现，如果能改变 426 号产品当前的送货方式，把每周发送 250 套改为每天发送 50 套，那么库存量将大大降低。同时，会省下 526 立方米的存储空间（详参下页 426 号产品储存空间分析），这样可以使 426 号产品的平均库存天数从 34.5 天骤减至 3.5 天（50 套产品相当于一天的平均库存）。

空调单元				
	单元规模			
	长度 24"	宽度 24"	高度 36"	重量 150 磅
	平均日消耗 =50 套			

	现状		未来状态		
地点	平均库存天数	仓储面积 （立方英尺）	平均库存天数	仓储面积 （立方英尺）	空间节约 （立方英尺）
西北公司	12	7,200	1	600	6,600
分销中心	20	12,000	2	1,200	10,800
ABE 工厂	2.5	1,500	0.5	300	1,200
合计	34.5	20,700	3.5	2,100	18,600

426 号产品储存空间分析

发货、收货以及货场管理

发货和收货区的搬运活动通常都有高峰期和空闲期。这会导致人员和设备的大量浪费，因为在业务繁忙时期需要额外的人员和设备，而原材料和成品只能在货车里等待。

精益小组得出一个结论，假如对每家公司的发货和收货都能严格地按计划实行，整个货场区的管理工作就能更有纪律、均衡而且目视化。更重要的是，这个计划既可以与内部生产相匹配，又与外部客户的消耗相对应。

要实现这个想法将涉及下列工作：

● 根据客户的需求节拍来制订货场管理计划，尤其要注意每一项工作的数量（比如货车收货、装卸和发货的数量）。

● 创建一个目视化的货场管理系统，包括到达时刻表、目视化管理卡，以及每天不同时刻货车停放位置的详细示意图。

● 建立标准化的作业流程，要求司机按照标准路线装卸货物。

● 合理调配现有资源，包括时间和人员，根据客户的实际消耗安排发货和收货活动。

物料采购

为了均衡供需系统中的物料流动，精益小组希望能根据426号产品在西北分销中心的消耗节拍从东部电器拉动5054号零件。这意味着要从东部电器以小批量、高频率的方式采购，并收取货物。

如果想要把426号产品的生产数量从每月生产两个批次、每批次500件，调整为每天生产50件，就意味着需要把5054号零件的订货量从每月1000个调整至每天50个。

通过与ABE工厂的物料采购和计划人员沟通，精益小组发现ABE的采购过程并不稳定。订单是根据四个月的滚动预测来确定采购数量和发货频率，下订单的人并不知道物料的实际需求。

为了解决这个问题，精益小组准备从以下几方面着手：

- 每个零件都需要一种对应的补货方法，因此需要建立一个数据库，把每个零件的物流信息规划（Plan For Every Part, PFEP）汇总在一起。

- 如果能使用PFEP管理进货，东部电器和ABE工厂之间的物流就可以满足系统的需要。

- 通过东部电器和ABE之间的看板系统，可以按照实际消耗来决定采购数量。

每个零件的物流信息规划

不同的零件具有不同的属性，包括前置期、零件用量、使用频率、零件尺寸、供应商地点等，这些都是确定零件补货方法的影响因素。要了解更多有关PFEP方面的信息，请参考瑞克·哈里斯，克里斯·哈里斯及厄尔·威尔逊编撰的《精益物流》一书。

进货物流

从进货物流的角度看，ABE 工厂是东部电器的客户。这意味着他们在库存方面面临着与西北分销中心出货物流过程中碰到的同样的问题：需要维持多少库存量，采购多少量才能保证生产的稳定性，在哪里贮存零件，如何补货。

现状是库存超过 500 套。精益小组决定大幅减少库存，于是决定在 ABE 工厂内建立一个 5054 号零件超市，并建立 200 套的缓冲库存。以天为单位，生产从超市内每拉动 50 个零件，系统就会向东部电器发出提取信号，然后由东部电器补充 50 个零件到超市中。

这样可以保证 ABE 生产的稳定，并将供需系统中 5054 号零件的库存量（包括东部电器和 ABE 的存量）从大约 2000 个减少到 200 个。ABE 工厂必须每天，而不是每周，发送日订单给东部电器，这样东部电器可以掌握发送量的高低变化。

新的超市应尽可能建立在靠近使用的地方。精益小组曾设想把零件直接送到生产线上，但是生产部门认为时机并未成熟，希望能保留一定的缓冲库存。他们担心直接跳到这种基于每日消耗的拉动模式，一旦东部电器的供货出现问题，会提高公司维持交付的风险。

供应商合作

为了实现降低供应商库存的目标，精益小组决定由 ABE 和东部电器共同合作，将 5054 号零件的发货频率从每月 1000 个调整至每天 50 个。这样调整不仅可以降低库存，还能减少东部电器的存储空间。更重要的是，这样一来可以按西北分销中心的需求理顺物流系统。

建立一个实施计划

供需系统委员会对于精益小组在这两天所完成的工作十分满意，但也提醒精益小组的成员，只有走出去才能帮助其他公司，从而共同实现最终的目标，把计划变为现实。

第三天，精益小组分析了持有改进设想的现状图，从中发现了巨大的改善机会，首要的是从供需系统中降低库存。他们坚信在财务和运营方面都将取得大幅改善，某些环节甚至会获得 90% 的效益。

精益小组将这些改善机会记录下来，作为 426 号产品供需系统的改善目标。他们画出了供需系统的未来价值流图（参见附图 2），设定了具有挑战性的库存和前置期的目标，并通过差异分析反映潜在的问题,对当前的绩效与未来状态的潜在改善结果做出比较。

差异分析表

指标	现状	未来状态	改善
前置期	72—129 天	8—13 天	64—116 天 /89%—90%
库存	89 天	10 天	79 天 / 89%
总前置期	161—218 天	18—23 天	143—195 天 / 89%
库存成本	$3,034,500	$383,750	$2,650,750 / 87%
库存连带成本	$667,590	$84,425	$583,165 / 87%
订单达成率	6%	42%	36%

从分析到执行

精益小组经历了 6 个改善环节,并对每个环节都建立了一套明确的实施方案。他们意识到建立一个理想的供需系统除了要了解供需系统的现状外,改善供应商之间的合作也是刻不容缓的。对 426 号产品和 5054 号零件的改善计划必须立即展开,比如货场管理等,为下一步 ABE 工厂其他产品的供需系统改善做好准备。

他们在各个环节实施改善，确保这些行动都是基于整个系统利益的最大化而展开的。他们需要制定一个程序来确保从根本上解决问题，这样才能保证未来状态系统性地、循序渐进地达成。否则，对系统改善的关注很快就会被日常的救火行动所取代。

精益小组需要进一步结合改善计划和公司现有的战略规划等，来达成整个供需系统的未来目标。

获得组织支持

供需系统的改善计划需要各个层面的支持与积极配合。精益小组和供需系统委员会需要制定明确的指标与计量标准，用来管理整个供需系统。他们需要清晰、准确和实时地记录各个环节发生的问题和处理措施，就遇到的问题与实际情况在每周一次的例会中作汇报。

我们需要将基于客户要求和供需系统总成本所建立的新标准作为衡量部门绩效和员工激励的指标。比如说，负责运输的经理不能仅仅衡量其运输成本，也要把准确的交付时间、正确的发货订单，以及订单达成率等列为指标。

为什么 PDCA 很重要

PDCA（计划、执行、检查、行动）能够使每个员工或团队深入彻底地回顾并总结问题所在，以及改善的机会，通过不同的方法取得进步。PDCA 是一个循环的过程，任何单个的改善计划都不会成为最终的解决方案，否则，就无法在下一轮的改善计划中追求更好的结果。

大多数公司习惯用成本、质量、交付作为衡量标准来追踪评估改善，但其中大部分只是表面的衡量标准，并不一定能真正反映过程中的实质问题。如果合理运用 PDCA，许多问题就能在变得更严重之前被发现。举例来说，通过每周 PDCA 会议与客户交流，能够使当前的问题及早暴露并解决，避免影响均衡流和客户的满意度。

应用 PDCA 循环要求

● 工具：测量、汇报、以固定的表格识别出浪费，并跟踪相应的活动。

● 步骤：将如何报告及改进问题的过程标准化。

● 时间：多长时间开一次会，什么时候跟踪问题。活动越频繁，所需的 PDCA 循环频次就越高。以货场为例，每天进行一次 PDCA 循环，甚至每个班次进行一次。

● 结果和后续跟踪：A3 管理方法在这里最能发挥作用。A3 能帮助项目管理团队建立纪律，为持久性地消除浪费打好基础。比如在 PDCA 过程中发现问题，运用 A3 就可以定义这个问题，了解这个问题为什么对组织很重要，并评估不同的行动计划。

如欲了解更多关于 A3 的信息，请参考约翰·舒克的《学习型管理》一书。

指定一位负责推行的领导者

完成价值流图的绘制、确定供需系统总成本的模型，并认识未来状态的改善之后，供需系统委员会指派了一位供需系统的领导者。他负责监督整个供需系统中的不同改善活动，包括对员工进行的培训，检查指导原则是否正确地应用，实施 A3 的解决方法，正确地执行计划，用 PDCA 的方法进行总结，精确地评估成本，以及实施精益带来的节省等。

供需系统领导者

供需系统领导者这个角色具有很大的挑战，因为生产控制和物流涉及公司的每一个供需环节，仅仅改善单个的供需环节是不可能的。领导者需要与系统中的各个小组及其成员共同工作，而绝不是孤军奋战。精益小组和供需系统委员会的成员在整个供需系统中都相互关联，并且相互提供精神和物质上的支持。这位领导者虽然对改善项目负责，但并不具备职权来命令他们，职权还留在相关的职能部门，领导者必须和这些部门一起来推行改善。

不要过分强调供需系统领导者的头衔。在丰田，这个人通常被称作总工程师（shusa），也可以被简单地称为供需系统负责人或者精益系统领导者，或者用贵公司觉得合适的职称名，甚至什么头衔都不用。但需要记住的是，这个人对精益供需系统负责，简单来说他（她）就是一个驱动精益供需系统的领导人。

实现未来状态

ABE 决定对 426 号产品供需系统中的 6 个环节实施改善。

改善的过程可以作为其他产品的参考。同样，各个改善活动的经验和成果，包括整个精益供需系统建立的过程和面对的挑战，也能为其他生产环境提供参考。

每个供需系统都各不相同，并且也可能需要采取不同的手段，以及不同的改善计划。当你评估 ABE 的改善计划时，需要考虑如何把这些方法运用到贵公司的情况中。

记住以下几点

● ABE 开展精益改善已有两年多的时间，一部分的效益在短时间内就体现出来了，另一些则是随着时间的推移逐步显现。举例来说，运输成本的降低是立竿见影的，而库存连带成本的降低则是在两年多的过程之中逐渐显现出来。

● 为了更加清楚地显示各个环节的改善情况，建议按时间顺序将供需系统总成本的滚动收益记录下来，先计算某一个环节，再计算下一个，以此类推。然而，每个环节的实施过程并不都是连续的。举例来说，ABE 同时致力于进货和出货物流的改善，在两年多的时间里，各环节都逐步实现了改善。

● ABE 使用供需系统总成本报表来跟踪其改善行动的运营

和财务收益，并将这些信息分享给相关员工，保持员工高涨的工作热情，确保所有改善的进展得到认可。

● 提高生产率后并没有导致裁员。ABE 通过员工的自然流失或者把员工安排在需要人手或预期将增加人员的业务部门。

● ABE 的领导层明白供需系统的价值和重要性，他们全力支持通过降低库存，缩短交货前置期，并提高制造的灵活性来增加收入、降低成本。

第四部分　客户合作和出货物流

第四部分　客户合作和出货物流

客户合作

1. 收集客户需求信息，确定消耗的频率
2. 确立一个合理的批量及发货频次
3. 确立在客户处的合理库存
4. 确定流程中的定拍点
5. 根据客户消耗建立拉动式生产机制
6. 建立与客户每周的 PDCA

出货物流

1. 收集出货物流的数据
2. 绘制出货物流的现状图
3. 建立一个满足客户需求的库存策略
4. 建立一个满足客户需求的包装方案
5. 设计每日的物流路线及 PDCA

ABE 公司出货物流的改善

客户合作

有些公司审视供需系统,是从供应商开始,到客户结束。其实,供需系统应该从客户开始,并到在客户结束,其原因在于客户的需求频率决定了整个供需系统的节奏,而按照客户节拍生产的供需系统一般来说拥有最少的库存和浪费。

ABE 公司在客户合作这个领域的行动,展示了公司按照客户消耗产品的频率建立供需系统,并严格遵守这项原则的决心。ABE 公司开展的行动包括:

- 收集客户需求信息,确定消耗的频率。
- 确立一个合理的批量及发货频次。
- 确立在客户处的合理库存。
- 确定流程中的定拍点。
- 根据客户消耗建立拉动式生产机制。
- 建立与客户每周的 PDCA。

1. 收集客户需求信息，确定消耗的频率

实施拉动和流动的关键起点是要了解客户实际上如何消耗产品。很多人不去实施拉动的一个主要原因是相信客户的需求永远是波动的。实际上，客户的消耗通常都按照一个相当稳定的模式，关键在于找出这个模式。大家往往通过分析发货和订购的数据来研究这个模式，但要注意的是发货和订购的次数与生产批量大小、客户最小订购量以及运输计划等密切关联，因此，一般情况下，客户订购一个产品和如何消耗这个产品不尽相同。

消耗的频率

为了确定426号产品在西北分销中心的实际消耗情况，分销中心的经理们分析了为期4周的期初和期末库存、销售量、采购量、在途库存，以及到货量。426号产品的日均消耗为50套，但在客户处的库存却达到了日均消耗量的12倍之多。他们还发现ABE从西北分销中心收到的订单以250套为基数，但作业人员经常会延迟订单，直到订单累积到500套时才发货（每月两次）。

客户消耗分析

消耗分析表

	第1周					第2周					第3周					第4周				
	M	T	W	T	F	M	T	W	T	F	M	T	W	T	F	M	T	W	T	F
期初库存	500	450	402	355	300	250	203	154	98	553	508	453	398	351	302	250	200	155	107	552
销售量	50	48	47	55	50	47	49	56	45	45	55	55	47	49	52	50	45	48	55	55
采购量(最小订购量)					250					250					250					250
在途库存						500					500					500				
到货量										500										
期末库存	450	402	355	300	250	203	154	98	553	508	453	398	351	302	250	200	155	107	552	497

关注预测及市场战略

研究客户消耗时，一定要先评估公司的预测和市场战略。一般来说，降价和促销是将产品推向市场，短期增加"消耗量"的一种手段，但不是长久之计。

使用历史销售数据去预测未来消耗的数据也会带来不正确的引导。精益的供需系统绝非建立在市场预测的基础上，而是基于客户实际的需求拉动。

客户需求

除了实际的消耗之外，你还需要知道什么是客户认为有价值的。供需系统必须关注那些为客户创造价值的服务。为了落实这一点,你需要回答两个问题:客户对于成本、质量和交付等方面的期望是什么,他们在这三个方面对公司的评价如何。要得到这两个问题的答案,最好的方式是运用客户需求调查表,通过面对面交流的方式来了解客户的想法。

西北 HVAC 客户需求调查表

对供需系统的愿景
你对于供需系统的愿景是什么? 供应商和客户的订单每次都能完美交付。 你希望 ABE 公司如何配合供需系统的规划? 每次的订单供应都可以完美交付,并且能开发一些最佳实践案例让我们和其他供应基地的伙伴们分享。
挑战
当前供需系统的挑战是什么? 我们预测客户需求的能力非常有限,因此只能努力地配合客户的需求。 对于 ABE 公司,你最大的挑战是什么? 像其他的供应基地一样,要么有山一样高的库存,要么就是缺货。
合作伙伴
你希望和 ABE 公司之间达成怎样的合作关系? 多分享,多合作。降低库存及前置期,一旦达成这些目标,必须分享获得的利益。
供应商绩效评估
你对于 ABE 公司的服务怎么看? 我们认为 ABE 公司是一个"好"的供应商,当我们出现缺货的情况时,他们总是尽最大的努力积极响应。不过,看起来好像我们总在一起救火。 有什么数据指标来支持这个说法吗? 我们还没有一个标准去评价供应商的绩效。以前,我们曾经跟踪过缺货的情况,但那些数据都不准确。我们需要一个更加完善的供应商绩效评估系统。

客户的期望和实际的差距就是一个满意度的指标。得到的服务应该与期望的一致，这当然是一个挑战，因为一旦客户期望得到了满足，期望就会不断提升。因此，客户的满意度会水涨船高，当你成功地满足了某个客户当时的需要，期望就会随着上升。最好的解决方法是通过客户需求调查（参考上页 ABE 公司的客户需求调查表）以及 PDCA 循环，去持续地改善服务。

2. 确立一个合理的批量及发货频次

改善客户服务的一种方式是通过供需系统加快物料流动的速度，其中涉及的因素包括批量大小及发货频次。在供需系统中更快的物料流动会带来较低的库存、较少的浪费，并且能够更快地显示出问题。流动速度慢则意味着过程中可能有较大的波动、大量的库存以及较长的前置期。

加快物料流动最有效的策略是多批次、小批量地发货。减少订单的批量，并提高发货频次，不仅能减少供需系统的库存，同时还可以针对市场和客户需求的变化作出较快的响应。ABE 团队为了配合西北分销中心的实际消耗量，提高服务水平，将 426 号产品的订单批量从 250 套减少到 50 套，将发货频次从每个月 2 次改为每天 1 次。

> **通过送牛奶的方式（循环供取货物）提高周转速度**
>
> 循环供取货物是一种多站点停靠的运输方式，指同一辆专用货车在多个供应商处提货，或将货物送给多个客户。循环供取货物是一种相当好的方法，它既可以减小批量、增加发货频次，又能有效地控制运输费用。
>
> 高频次的发货通常需要把多个订单合并在一起，达到最经济的发货成本。就像送牛奶一样，送完一家再送另一家。

3. 确立在客户处的合理库存

传统的供应商往往不在乎客户的库存，除非是他们自己的库存。但精益供需系统是一种合作伙伴的方式，因此，对于供需双方而言知道每个点的库存状况十分重要。

经理们和西北分销中心探讨了该中心每天的消耗量、从接订单到发货的时间，以及补充频次等情况，发现该中心存有600套426号产品库存，而未来状态的目标是要减少到日消耗量50套的水平。

4. 确定流程中的定拍点

定拍点是决定整个供需系统节拍的工序。快速响应客户需求很重要，但并非每一道工序都需要按照客户需求的速度来进行。通过定拍点的拉动，平稳地将信息传递到定拍点的上游工序，可以迅速响应客户的需求，同时大幅度降低成本。挑战在于确定定拍点的位置。

ABE 改善小组为 426 号产品确定的定拍点是位于其区域分销中心的库存超市。将定拍点设在这里，既可以维持必要的缓冲库存，又可以在向精益供需系统过渡的这段时间里，尽量减少客户需求及供应波动所带来的冲击。

这是一个可以快速实施，并且切实可行的选择。一旦 ABE 将其他产品都转移到分销中心的超市，出货集中在一个地点，就可以用送牛奶方式向多个客户循环取送货，不仅限于西北分销中心一家。

定拍工序

定拍点可以是供需系统中的任何一站，它用来管理整个系统的节拍。不要将定拍点和瓶颈工序混淆，瓶颈工序是由于能力不足，导致下游的过程受到限制。

5. 根据客户消耗建立拉动式生产机制

选定了定拍点之后，ABE 分销中心开始建立向上游发出补货信号的拉动机制。他们将拉动的触发点设定在分销中心的库存超市。客户从超市取料的同时，会向上游发出一个看板信号，要求补充和取走数量相同的产品。

看板是一种信号机制，在拉动系统中，它发出生产或者取料的指令。ABE 公司考虑了三种不同的看板：

（1）仅在分销中心内部流转，由人工传递的看板卡；

（2）从分销中心到 ABE 工厂的人工传递的看板卡；

（3）从分销中心到 ABE 工厂的电子看板。

实施拉动有许多种不同的方式，但越简单越好。ABE 公司选择了在分销中心内部流转的人工传递看板卡。这种方法基于实际的消耗来确定补充的数量，创建了一个有价值的、容易操作的系统，从而能够更好地响应客户的拉动需求。

经理们必须决定将看板卡放至何处。可选的方法包括直接贴放在储存于分销中心的产品包装箱上，或者靠近发货点的看板展示板上，或是在成品超市的展示板上。他们选择了前者，因为这样可以降低卡片遗失的风险。

426 号产品内部看板卡

ABE 看板卡				
	零件号	SKU 426	每张看板对应产品数量	1 套
	描述	HVAC 高端产品	看板总数	100 张
	客户	西北 HVAC	前置期	12 小时
	ABE 生产工厂	Indianapolis	运输时间	9 小时

ABE 公司建立了一个简单并可视化的拉动系统，其中包括以下流程：

（1）分销中心超市消耗一定数量的物料，比如一定数量的 426 号产品运往西北 HVAC 分销中心。

（2）从看板展示板上取下看板卡，卡片上显示每次从超市搬送多少套产品，这些卡片随后被送往分销中心办公室。对 426 号产品而言，每张卡片代表 1 套。如果西北公司每天消耗 45 套，那么将会有 45 张卡片被送到办公室。

（3）看板管理员清点分销中心办公室内看板卡的数量，然后通过系统将订单发送给工厂。订单上的数量刚好对应看板卡合计的总数量（45 套）。

（4）看板管理员将看板卡放到分销中心的收货区，直到其对应的产品从工厂送到分销中心。

（5）ABE 公司的生产部门收到订单后，开始生产相应数量的产品。

（6）工厂将产品发送到分销中心。

（7）分销中心收货后，将货物放置到超市，然后将看板卡放回到看板展示板上，用以表示库存已得到了补充。

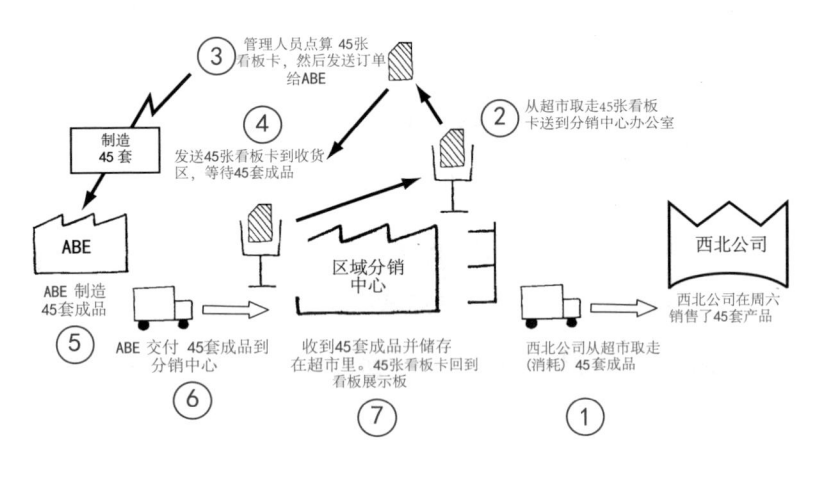

分销中心看板循环

> **补料的间隔和数量**
>
> 实施精益拉动机制的一个关键是要明确到补料的间隔与数量。一个精益的拉动系统是建立在补充间隔固定但数量可变的基础上的。举例来说，西北公司每天从超市拉动 426 号产品两次，需补充产品的数量平均为每天 50 套，但实际的数量可能是有波动的。
>
> 在拉动系统中，补货的数量必须和消耗保持一致，这和传统的最低/最高库存系统形成了明显的对比，因为后者是建立在数量固定但补充间隔可变的基础上。正因为补充间隔的变动，导致在最低/最高库存系统中很难维持连续流。

6. 建立与客户每周的 PDCA

ABE 公司建立了与客户每周 PDCA 的回顾机制，并依据客户需求表和相关的公司指标来设计行动计划。举例来说，ABE 的经理们在每周的 PDCA 回顾中评估了各项指标的达成率，实时检查达成率的情况，并且对未达成的问题立即寻找解决方案。

比如，在一次回顾中，ABE 的经理们提到自上周五开始就没有看到 426 号产品的消耗信息。西北公司对此感到惊讶，想不出上周五有什么特别情况。在进一步调查之后，西北公司发现原来是拉动信号没有按时传递出去。他们很感谢 ABE 公司提出这个问题，并且承诺要调查这次失误，并在接下来的一周检讨问题的根本原因及对策。

客户的 PDCA

定期和客户进行 PDCA 交流看起来好像不可能，但对于精益供需系统的企业来说，必须严格去执行。每周的 PDCA 回顾并非理论上的练习，或者针对客户的抱怨所采取的救火行动，相反，这些交流对于解决运输、分销中心、库存以及订单交付方面的问题相当有效。定期回顾使得客户可以及时告知可能发生的变化，避免供需系统的波动，还可以找出一些"共用系统"的问题点。

ABE 公司在与客户 PDCA 回顾过程中，还发现了一些只有通过定期、直接和客户交流才能发现的复杂的流程问题。在一次 PDCA 交流时，西北公司告诉 ABE，泡沫包装只需要 2 层（而不是 3 层）就可以起到保护作用，减少一层泡沫包装每年可以为 ABE 公司节省 6000 美元，同时可以减少西北公司拆包操作上的浪费，并使得发货过程更加环保。

测量客户需求达成率

达成率是精益供需系统的一个关键指标，因为它代表一个供应商的能力和稳定性。

没有稳定的达成率，既无法实施流动，也无法将库存降到合理的水平。

达成率是准时、按质按量完成的订单占总订单的百分比。达成率应该按照产品项目来计算，也就是说，需要通过核查订单上的每项产品是否正确来确认，而不是仅计算一个订单达成件数的百分比。客户用订单达成率来评价一个供应商，因为达成率是供应商自身可控的范围。

下表显示了不同的达成率计算方法。如果客户通过总的收货件数来计算，达成率为85%（每要求100件产品，有85件达到了客户需求）。不过，如果客户按照不同的产品来计算，客户所需求的5个产品项目中，只有3个完全达到，达成率就是60%。我们推荐按产品计算达成率，因为它可以传达更加准确的信息（订单是否完成）。

订单达成率

零件号	订单数量	收货数量	订单是否完成
1	10	5	No
2	20	10	No
3	30	30	Yes
4	10	10	Yes
5	30	30	Yes
总计	100	85	
达成率		85%	60%

ABE 公司在客户合作中取得的成绩

通过客户合作改善的主要成绩包括：

●成品库存：从 6100 万美元减少到 5490 万美元。这些库存的降低是基于客户的合作，源于产品的真实需求，而不是客户订单的减少。

●库存连带成本：从 2110 万美元减少到 1980 万美元。随着库存金额的降低，释放了 ABE 应收账款上的现金流。

●应收账款：从 2000 万美元减少到 1390 万美元。

●订单达成率：从 6% 升至 8%。这是因为实施了拉动系统之后，ABE 公司可以在客户改变需求时作出快速的响应。

● 销售：从 2.5 亿美元增加到 2.6 亿美元。通过提升订单达成率和质量改善（缩短前置期会迅速暴露质量问题），ABE 获得了更多的订单，这使得其销售额有了每年 1000 万美元的增长。

● 客户合作成本：从 22.5 万美元减少到 18 万美元。因为在供需系统中引入了拉动的方法，减少了预测过程和传统的客户服务成本，以及过去经常发生的救火式工作。

● 供需系统总成本：从 5110 万美元减少到 4970 万美元（从销售额的 20.4% 降到销售额的 19.1%）。

供需系统总成本报表

供需系统总成本	现状	客户合作
运营绩效影响		
现金	$2,000,000	$2,000,000
应收账款	$20,000,000	$13,900,000
原材料库存	$25,000,000	$25,000,000
在制品库存	$10,000,000	$10,000,000
成品库存	$61,000,000	$54,900,000
总库存	$96,000,000	$89,900,000
订单达成率	6%	8%
损益表影响——年度		
销售	$250,000,000	$260,000,000

续表

供需系统总成本	现状	客户合作
客户合作		
人工（从事客户服务及需求计划的人员工资）	$200,000	$160,000
与客户服务及需求计划相关的管理费用	$25,000	$20,000
小计	$225,000	$180,000
库存连带成本		
资本成本（财务按年度平均库存的 8% 计算）	$7,680,000	$7,192,000
库存损坏 (3%)	$2,880,000	$2,697,000
库存保险 (4%)	$3,840,000	$3,596,000
库存报废：账面 (4%)	$3,840,000	$3,596,000
库存缺失 (3%)	$2,880,000	$2,697,000
总库存连带成本	$21,120,000	$19,778,000
供需系统总成本	$51,055,000	$49,668,000
供需系统总成本占销售的百分比	20.4%	19.1%

出货物流

在一个精益的供需系统中，库存驱动运输策略。对许多人而言，可能是第一次听说这个理念，因为传统思路是与之相反的。举例来说，传统的方法通常是装满一整车的货物才发货，而不是小批量的多次运输。为了将运输成本降到最低而采用整车运输的方式，其实会增加不必要的库存。与此同时，还会带来一些直接成本，比如仓储、过期产品、损坏等；以及间接成本，比如占用现金流、柔性不足、隐藏的质量问题和不稳定的流动。

为了创建和客户之间的拉动系统，ABE公司决定在分销中心的定拍点设立成品超市，采用精益的库存战略，并建立出货物流网络，以支持成品超市的运作。为了建立一个精益的出货物流网络，ABE公司采取了如下5项措施：

- 收集出货物流的数据。
- 绘制出货物流的现状图。
- 建立一个满足客户需求的库存策略。
- 建立一个满足客户需求的包装方案。
- 设计每日的物流路线及PDCA。

1. 收集出货物流的数据

ABE公司物流经理们组成了一个团队，收集了整个出货物流系统的关键数据：

库存：哪些地方有库存？

运输： 库存是如何搬运的？

仓储： 分销中心都在哪些地方？它们服务的区域分别是哪里？

付款： 由谁支付运输费用？

运输费用可以采用3种形式支付：

——由供应商支付，然后单独开出发票。

——由供应商支付，将其包含在产品的价格中。

——由客户支付。

ABE采用的方式是由公司的生产控制与物流部门负责支付运输费用。

2. 绘制出货物流的现状图

根据实际数据绘制出货物流的现状图，暴露出了物流网络中的浪费，譬如几台货车去同一个地点，客户由很远的分销中心提供服务，工厂将产品发送到很远的地方然后再折返回来。这些信息可以作为未来状态图的参考，减少浪费。

ABE的出货物流现状图显示出物流仅关注运输费用的最小

化，因此发货采取整车、非周期性的运送方式，这导致了高成品库存、低发货频率，以及对于客户需求变化的反应能力不足。（详参88页的出货物流图）

为了朝未来状态的物流网络迈进，ABE的经理们制定了多方面的策略，包括库存（数量和频次）、运输、仓储及包装策略。他们调查了发往多家客户的产品数量，改为循环取货的方式以平衡运输费用。与此同时，把发货频次改为每天一次，其中关键的步骤就是小批量到供应商处循环取货，这将使供需系统总成本降到最低，而不仅是运输费用。这也使得物料流动的速度最大化。

谁来支付运输费用

一个精益的物流网络会要求运输费用支付方设计运输的路线和决策，例如增加运输频次，或者采用循环取货整合不满整车的货物。如果这些决策不由支付运输费用的公司来决定，一定会产生能力冗余、费用增加等问题。因此，支付运输费用方必须是运输网络的设计者。

出货物流图

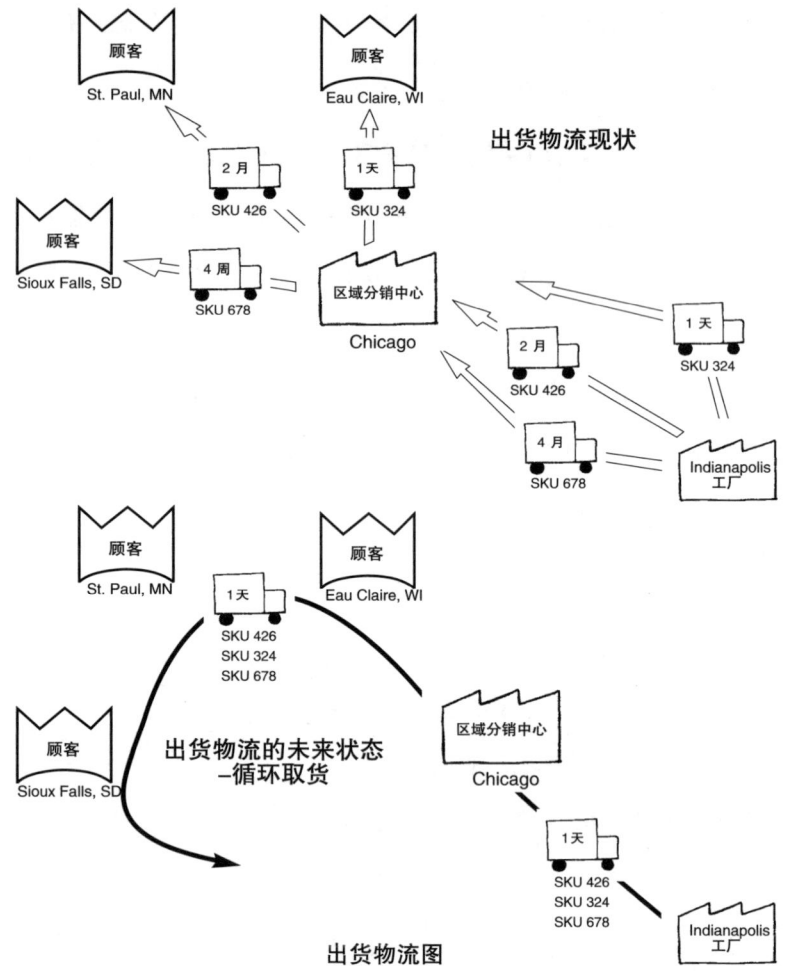

ABE 公司的现状图显示出货物流是通过整车进行运输，这是为了节省运输费用，却导致了很高的成品库存，对客户需求变化的反应能力低。因此 ABE 在未来状态价值流图中，转而关注供需系统的总成本以及整个供需系统的物料流动的情况。他们开始采用循环取货的方式，同时增加发货频次。在本案例中，我们可以看到 426 号产品每天向区域分销中心及客户发货。

3. 建立一个满足客户需求的库存策略

理论上,一个精益的供需系统应该没有库存,因为所有产品都按照最终客户的需求生产和消耗。但即使在最理想的供需系统中,进货及生产的前置期通常也都超过客户想立即取货的期望,而且不同产品的前置期各不相同,因此必须有一定的需求预测,并建立相应的库存。

为了实施基于客户需求拉动的库存策略,你需要知道三件事:

——需要设定多少库存量;

——库存放在哪里;

——如何基于客户的拉动来补充库存。

一般来说,有三种类型的库存需要考虑:

发货/循环库存:为了保证下一批次的发货量,以及弥补日平均需求和当天实际需求的差距,必须建立的最少库存量。补货时间可以按周、天或者小时计,具体采取哪种方式取决于补货需要的时间和频率。

缓冲库存:为了防止可预测的日常原因,比如排班模式、周末、假期等,导致供需变动而设定的库存。

安全库存：为了防止不可预测的特殊原因，比如天气不好、运输延误或设备停机等，导致供需变动而设定的库存。

缓冲库存大多用来解决客户方产生的变动；安全库存大多用来解决供应方生产或运输上的波动。明确非正常库存（过量或不足）的根源有助于解决问题。

需要设定多少库存量？

目标是将维持客户需求所需的总库存降到最低，然后持续不断地降低库存水平，从而暴露出系统上的问题。但刚开始时最好不要将库存降到太低，因为这样可能导致供需系统的不稳定，你需要保证足够的库存以避免客户需求的波动。与此同时，还要认清波动的根本原因，将波动降至最低。

一旦库存稳定下来，而且将超市的补货与消耗匹配，你就能建立合理的库存，避免过量生产。

在如下426号产品供需系统的例子中，ABE公司的物流经理们在表格的左边填入的是未来状态图的信息，在右边则填入循环库存、缓冲库存和安全库存的公式。基于这些公式，426号产品在ABE分销中心的总库存确定为100套。

设定 426 号产品未来状态的各种库存量

ABE 输入	计算
日平均需求 = 50 补充间隔 = 1 天	循环库存：50 × 1 = 50
需求标准差 = 10 满足订单的可靠性指数 = 2 补充间隔 = 1 天	缓冲库存：2 × 10 = 20
总的补货前置期 = 5 天 客户风险系数 = 12% 日平均需求 = 50	安全库存：5 × 50 × 12% = 30
超市总库存	50 + 20 + 30 = 100

需求标准差：短期内某一产品的实际需求与平均需求水平的偏离程度
满足订单的可靠性指数：基于期望的服务水平，如果 ABE 公司在现有库存水平下，在 98% 的情况下都能满足顾客的需求，则可靠性指数为 2 (84% = 1; 93% = 1.5; 99.9% = 3)。
客户风险系数：正常库存水平的乘数，它取决于客户由于某些特殊情况而要求的额外缓冲库存，比如：军工行业的客户会以合同的形式强制要求在战争期间保持一个预先确定的库存水平。

库存放在哪里？

库存放在哪里绝大程度上取决于客户对交付的期望。为了满足客户的需求，库存是有必要的，但库存点越多，系统中的安全库存就越多。这种现象的必然结果就是：如果公司能整合几个点的库存，平衡总体的客户需求和变动，就能以较小的总库存量为客户提供服务。

当你增加库存地点时，很快就会看到公司的运营成本增加。当一家公司将存货地点从 1 个增加为 2 个时，可能会因为减少发货前置期以及缩短运输的距离而获益。但如果将库存地点从 4 个增加到 5 个，却未见得有效。因此，任何可能导致额外增加库存地点的建议都必须经过周详的思考。同时，库存量的增加并不一定就能改善客户的满意度。

ABE 的物流经理们综合考虑了上述因素，决定尽可能少地设立库存点。他们用散点图（参考第 22 页）确定了 ABE 产品的稳定性，并且将它们分为 A、B、C 三类。A 产品比较稳定，就在靠近客户处设立库存点。相对不那么稳定的 B 产品和 C 产品，则在集中的地点设立库存点。在这种方式下，库存点与数量应该优先满足稳定的客户。

他们也认为最适合存放 426 号产品（A 类）的是区域分销中心，希望它既靠近 ABE 工厂，又靠近西北公司。这样可以组织每日的循环供货，满足客户的消耗并接受补货。

如何基于客户的拉动来补充库存？

下一步就要计算当成品被运给客户之后，如何补充超市的库存。从理论上讲，如果客户每天从成品超市消耗 100 件产品，那每天就需要补充 100 件。这是及时补货的核心，按照消耗补充库存。

循环补货以及小批量生产是建立按照实际消耗来拉动产品的精益供需系统的两大基础。ABE 公司引入精益运输理念减少送货的批量、增加发货频次，来满足西北公司和其他客户的需求。这样做的结果是运输费用降低，因为运输配件和产品的总货车数量相对减少了。关于为何会得到这个结果的实例，请参考第 130 页发货频次分析。

4. 建立一个满足客户需求的包装方案

在实施精益供需系统的过程中，产品怎么包装运输也是一个很重要的课题。

● 包装直接影响每个订单的产品数量。每个订单的批量应该尽可能地小，因此适用于小批量的包装可以改善发货的效率。如果发货的批量大，会使得客户增加库存，订货的间隔就会变长。

● 合理的包装才能建立有效的运输装载量。虽然小批量多批次的运输能加快库存周转速度，降低库存成本，但必须同时控制运输费用。

ABE 公司的经理们进行了一个容器和货车容积的分析，调查现行的包装策略能否有效地运用容器和货车的空间（详见第 89 页）。他们调整了 426 号产品的包装方法，改善了货车上的空间利用率。

5. 设计每日的物流路线及 PDCA

消除了包装和容积利用率上的浪费之后，下一件事情就是去设计物流路线和策略。制定一个高效的产品和物料运输策略，才能实现产品流动的要求，因此需要有专人来管理，专注于日常物流的设计和执行。他们的使命就是确保在物流网络变得精益的同时，不增加费用。

ABE 公司的物流经理们整合了运输路线，降低了运输网络的浪费，节省了费用。他们分析了实时的效率，包括模式选择、货车容积利用率、库存地点整合，以及循环取货的机会等，全力和采购、生产以及客户服务部门合作，因为产品的包装和数量对货车容积利用率而言都是重要的因素。

空间利用率分析

如何计算空间利用率

空间利用率用以衡量一个容器内可用空间的实际利用情况。本例为一个 53 英尺货柜的利用情况计算。

第 1 步：计算容器或货柜的可用空间
可用长度 = 52.5 英尺
可用宽度 = 98.0 英寸　　　　　这是可用宽度，实际宽度可能达到 102 英寸
可用高度 = 104.0 英寸　　　　　这是可用高度，实际高度可能达到 110 英寸

第 2 步：将所有数据转换为英寸，并把所有计算结果转换为立方英尺和立方码
按立方英寸计算的可用空间 = 6,420,960 立方英寸　　630 英寸 × 98 英寸 × 104 英寸
转换为立方英尺 = 3,716 立方英尺　　6,420,960 ÷ (12 × 12 × 12)
转换为立方码 = 138 立方码　　3,716 ÷ (3 × 3 × 3)

第 3 步：货柜空间利用率

	利用率	立方英尺	立方码
低	50%	1,858	69
平均水平	65%	2,415	89
高	80%	2,973	110

需要考虑的关键因素
1. 一个货柜如果只是从面积上占满了，并不能称为空间 100% 利用，只能认为空间利用率为 50%。
2. 可回收容器可以帮助提高货柜的空间利用率至最高 200%。
3. 减少运输成本的最简单的方法是提高货柜的空间利用率。

　　减少运输成本最有效的办法就是货车容积利用率最大化。ABE 公司组织了一项对容器和货车容积的分析，调查当前的包装策略是否充分利用了容器和货车的空间。注意：如果重量是主要的约束条件，该公司就应该基于重量进行分析，因为如果产品很重，货车在装满之前就已经超载了。

物流 PDCA

为了消除运输网络的浪费，提高稳定性，组织各种试验让产品快速流动，善用 PDCA 这个工具非常关键。ABE 每天的 PDCA 会议要求物流负责人、客户服务部门以及主要运输商的代表共同参加。会议主要回顾前一天的出货物流情况，参会人员讨论发生的问题。如果需要，物流经理可能会对每天的物流计划作出调整，或者组织一个单独的问题解决活动。

PDCA 物流会的议程包括：

- 运输商的表现：他们有没有按照计划的路线运行？是否准时到达各个地点？

- 运输商对路线的反馈：通过缩短路程、增加容积利用率，或者消除非运输时间，能否改善整体效率？

- 客户的约束条件对绩效的影响：是否存在客户原因导致的非增值时间？

- 紧急要求：客户的紧急要求是否打乱了运输计划？

- 错误和浪费：有没有任何遗漏发货，或者货车没有被充分利用的情况？

ABE 公司出货物流的改善

通过出货物流改善获得的主要成绩如下：

● 成品库存：从 8990 万美元减少到约 7790 万美元。库存的减少主要是因为供需系统流转速度的加快。

● 应收账款：从 1390 万美元减少到 192 万美元。持续减少的成品库存释放出更多的现金，也就是应收账款。

● 在制品库存：从 1000 万美元减少到 900 万美元。这要归功于供需系统的拉动方式。ABE 公司现在的生产方式是基于客户的实际需求进行生产。

● 订单达成率：从 8% 提高到 18%。从分销中心到客户之间的持续改善，提高了订单达成率。

● 销售：从 2.6 亿美元提高到 2.65 亿美元。由于更快的响应速度，以及更好的服务，一个良好的公司形象已经开始被市场接受和认可。

● 出货物流的费用：从 2290 万美元减少到约 1940 万美元。这些节省大量来自运输、仓储以及员工的效率。ABE 公司从工厂到分销中心，再到客户的节奏化运输，均衡了物流网络的需求。物流的改进加上均衡的节奏使得货车和人工利用率得到提高，减少了加急运输的次数。

● 供需系统总成本：从约 4970 万美元减少到约 4350 万美元，从销售额的 19.1% 减少到 16.4%。

供需系统总成本报表

供需系统总成本	客户合作	出货物流
运营绩效影响		
现金	$2,000,000	$2,000,000
应收账款	$13,900,000	$1,920,000
原材料库存	$25,000,000	$25,000,000
在制品库存	$10,000,000	$9,000,000
成品库存	$54,900,000	$43,920,000
总库存	$89,900,000	$77,920,000
订单达成率	8%	18%
损益表影响——年度		
销售	$260,000,000	$265,000,000
出货物流		
运输：客户相关		$11,700,000
运输：公司内部相关		$2,250,000
运输：加急运费		$900,000
分销中心：运营费用		$2,437,500
分销中心：场地费用		$1,750,000
人工：从事出货物流管理人员的工资		$280,000
用于出货物流的管理费用		$40,000

续表

供需系统总成本		客户合作	出货物流
	小计	$22,900,000	$19,357,500
库存连带成本			
资本成本		$7,192,000	$6,233,600
（财务按年度平均库存的 8% 计算）			
库存损坏 (3%)		$2,697,000	$2,337,600
库存保险 (4%)		$3,596,000	$3,116,000
库存报废：账面 (4%)		$3,596,000	$3,116,000
库存缺失 (3%)		$2,697,000	$2,337,000
总库存连带成本		$19,778,000	$17,142,400
供需系统总成本		$49,668,000	$43,489,900
供需系统总成本销售的百分比		19.1%	16.4%

第五部分　发货、收货、货场管理以及物料采购

第五部分　发货、收货、货场管理以及物料采购

发货、收货以及货场管理

1. 收集当前发货及收货的数据
2. 建立进出货的运输计划
3. 针对货场实行规范化的管理流程
4. 每周开展 PDCA

针对 ABE 公司所有产品进行的货场改善

物料采购

1. 确定当前采购流程并将其形成文件
2. 建立标准化采购流程
3. 为每个零件建立补给方式
4. 每周定期开展 PDCA 回顾

针对 ABE 公司所有的产品实施物料采购改善

发货、收货以及货场管理

发货和收货的最大成本在于设备和人力。当货车满载着原料或成品来回运输，或者因缺乏周密的计划而处于闲置状态时，都可能导致大量的浪费，比如等待、空置以及库存等。要想找出发货、收货以及货场管理这些活动中的浪费，我们需要对物料的流动以及相关人员的安排有一个全面的了解。

大多数企业都不清楚发货和收货的细节。大家只希望物料在周一上午到位，成品在周五下午出货。这种情况在每月或每季度末的"冲刺"中更糟糕。这种缺乏均衡化的作业将导致公司人力资源、仓库空间，以及设备负荷的巨大波动。

为了更深入地了解这些情况，ABE团队对现有发货及收货的数据进行分析，然后采取了一系列标准化和提升可预测性的措施，包括：

- 收集当前发货及收货的数据；
- 建立进出货的运输计划；
- 针对货场实行规范化的管理流程；
- 每周开展PDCA。

1．收集当前发货及收货的数据

ABE 希望了解货车管理区的发货及收货活动，并制定一个标准化的作业。要做到这一点，供需系统的负责人和团队包括负责发货、收货及货场管理的经理们，需要精准的数据和资料来判断装货和货场的实际运营情况。

ABE 团队收集的信息如下：

- 每天及每班次的进货货车数量。

- 每天及每班次的出货货车数量。

- 发货和收货的人员数量。

- 发货和收货需要的资源，包括自动装卸车、卸货门以及仓库空间。

- 装载或卸载之前，所有货车在货场内的每日等待时间。

- 装载和卸载一辆货车的工作量或时间。

2．建立进出货的运输计划

准确的发货和收货计划可以帮助每个公司的物料进出流动处于一个平稳状态，将发货和收货的资源需求量最小化，比如避免由于货车未能及时返回而产生的延误以及其他费用。

制订一个标准化的进出货计划依赖于标准化的路径系统。路径系统是每天或每周运行到同一时间、同一地点的一系列预定路线。从本质上来说，路径系统其实是运输供应商的标准化作业，是实施改善的一个"基础"。

物料接收日程表

	ABE Indianapolis 工厂			班次：第2班次		生效：5/5/09		
时间	3:00 pm	4:00	5:00	6:00	7:00	8:00	9:00	10:00
码头1	A121	A131	A151	休息	A122	午餐	A132	A152	休息	A123
码头2	A141		A161		A142		A162		A143

A120 系列（包含 A121、A122、A123）形成了一个来自既定区域的进货日程，在这个系统内的到货和卸货在整个班次是平均分配的，以确保来自供应商的库存处于一致的水平。

基于上述两个原则，ABE 团队在其所属的一个生产工厂中设立了物料的接收计划。他们把大批量的作业分解为较小并且可以重复的小批量以寻求均衡。举例来说，如果 ABE 每个工作周有 200 辆货车，则每天以 40 辆货车来制订计划，以每天工作 10 小时来计算，则服务的节奏为每小时 4 辆货车。ABE 通过标准路径均匀地分布各个班次的抵达和卸货作业节奏，保证供应商的库存处于持续平稳的状态。

3．针对货场实行规范化的管理流程

ABE的货场经理在货场按照标准化的作业计划、换车计划，以及货车的"缓冲期"计划来实施规范化的作业，其中的第一步是以节拍时间，即可用时间除以客户需求为基准，在各个班次建立稳定的工作节奏。在货场，这意味着要将所有待完成的任务在可用的时间内进行均衡的分配。

举例来说，如果一个工厂实行每班8小时（480分钟）工作制，有480个托盘需要在这个班次内从卡车上卸载，并运送至零部件超市，即平均每个托盘需在1分钟内完成包括卸载在内的所有作业，因此每个托盘卸载的节拍时间为1分钟。

当然，卸载一个托盘的时间要远多于1分钟。但掌握准确的待完成作业量，有利于计算出完成每项任务所需的人数和满足客户需求所需的工作量。如果卸载一个托盘需要2分钟，那么完成480个托盘的卸载就需要960分钟(480×2=960)。如果要保持1分钟的节拍时间，就要在同一个班次中安排2名人员进行卸货作业。

ABE管理人员通过以下四个步骤，创建了货场内货车卸载

的标准作业计划：

（1）确定每天的需求计划。（30辆货车）

（2）计算每天的工作时间，需减去休息时间。（840分钟）

（3）将每天可用的工作时间（840分钟）除以每天的货车需求量（30辆），得出节拍时间为28分钟。

（4）根据每辆货车卸货的平均用时确立标准卸载作业时间，并以此确定每天所需的最优化的人员配备数量。

基于以上信息，ABE公司的经理们利用节拍时间（参见下页）计算出了货场的预计工作量，从而确定每班次需要2名人员（计算结果共需1.6人）。

由于待完成的作业量经常会有小幅度的变化，因此每班次的节拍时间都需要根据实际情况重新计算，这就意味着不同班次员工的数量可能会不一致。传统的物流是在作业发生变化时仍保持员工数量一致，精益的生产方式则是应该保持作业节拍的稳定，并且将人员调派去完成其他任务，如循环盘点、物料搬运以及发货等。

货场工作量及人员配备

		计算
每天货车需求量	30 车	
每天工作时间	480 分钟	8 小时 × 60分钟/小时
每班总停工时间	− 60分钟	30 分钟（午餐）+ 30 分钟（休息）
每天班次	× 2 班次	
总工作时间/天	840 分钟	2 班 ×（480 分钟 − 60 分钟）
货车卸货节拍	28 分钟/车	840 分钟/30 车
ABE 平均卸货时间	45 分钟	
每天的工作需求总分钟数	1,350 分钟	30（车）×45（作业时间）
可用时间/人/班	÷ 420分钟	480（分钟/班）− 60 分钟（休息）
小组优化总人数	3.2 人	
每班优化总人数	1.6 人	3.2（总的优化人数）/2班
卸货门需求数	1.6	45（作业时间）/28（节拍时间）
自动装卸车需求数	1.6	45（作业时间）/28（节拍时间）
节拍时间= 可用时间/需求量		

调度计划

"调度计划"是专门为货场内工作的司机制定的一份标准作业文件，收货计划表完成后就可以制作"调度计划表"，它指挥司机在何时、何地对哪些货车进行调动，形成一个有计划的运作体制，而不再是一系列有关联，却没有计划的随机活动。同时，它可以将货场的调动可视化、透明化，使内部运输更容易得到监控和改善。

ABE 的物流经理们为货场司机制定了"调度计划表",下表为某个时间段的调度计划。表中第 2 班次的司机的第一项任务是将货车从 10 号货场移动至 1 号码头。当完成每项任务时,司机都要立即通报。(如果只有一名调度司机,则在安排任务时需要考虑不同任务之间的切换时间)。

调度计划表(部分)

ABE 公司调度计划							
星期一/第 2 班							
移动序号	路线	开始时间	从	至	结束时间	协调	完成否?
1	A121	2:40 p.m.	货场 10	码头 1	2:50 p.m.		
2	A141	2:50 p.m.	货场 27	码头 2	3:00 p.m.		
3	A131	3:50 p.m.	货场 33	码头 1	4:00 p.m.	No. 4	
4	A121	4:00 p.m.	码头 1	货场 11	4:10 p.m.	No. 3	
5	A161	4:20 p.m.	货场 38	码头 2	4:30 p.m.	No. 6	
6	A141	4:30 p.m.	码头 2	货场 28	4:40 p.m.	No. 5	
7	A131	4:45 p.m.	码头 1	货场 34	4:55 p.m.		
8	A151	4:50 p.m.	货场 41	码头 1	5:00 p.m.		
9	A142	5:50 p.m.	货场 29	码头 2	6:00 p.m.	No. 10	
10	A161	6:00 p.m.	码头 2	货场 39	6:10 p.m.	No. 9	
11	A151	6:10 p.m.	码头 1	货场 42	6:20 p.m.		

目标是建立一个稳定、标准化的作业计划。开始的时候需要记录驾驶员执行不同任务的开始时间、货场位置、码头位置以及结束时间。另外，基于运输和物流计划，可能需要注明货车前往工厂内不同的区域，比如去往装配区或焊接区。

货车路线位置卡

ABE公司除了制定调度计划表之外，还将"货车路线位置卡"整合到货场规范流程中。货车路线位置卡是一张纸质标识，随车在货场内流转。司机根据路线位置卡上的信息，在每次作业完成后将货车停在指定位置。为了便于司机在货场内进行货车调运，他们需要在卸货之前知道货车的位置，并在卸货之后将货车停放到指定的区域。和"调度计划表"一样，"货车路线位置卡"用于指导司机进行标准化作业，同时为货场提供可视化管理。

一般来说，驾驶员开车进出时必须在大门口登记，这是一项有效的安全措施，用以核实工厂车辆的出入情况。进入时，门卫把"货车路线位置卡"交给司机；离开时，司机将"货车路线位置卡"还给门卫。每当有新的路线增加或路线改变时，路线位置卡会更新。新的路线改变可能基于以下几个原因：产量增加或减少、原材料采购供应商位置的变更，以及客户生产基地的改变。

货车路线位置卡

货车 55	
路线	**A121**
进货	地点：**货场10**
出货容器	地点：**货场11**
卸货月台	**1**

这张 ABE 公司的货车路线位置卡显示 55 号货车属于 A121 路线。它运载的是进货产品，卸货前在 10# 地点等候，卸货月台为 1#，它需要收集可回收容器，然后返回 11# 地点待命，直到任务结束驶离货场。

缓冲期

即使有详细、规范的货场流程，但由于外部运输系统的变动，作业仍然有可能改变。在一个精益的运输系统中，货车在货场的等待时间应该列入计划中。"缓冲期"不仅可以降低不确定性，还能减少对其他部门的影响，比如发货和收货的日程安排、原材料超市的补给，以及生产过程等。

缓冲期看起来有违精益的原则，比如当货车抵达时，依照精益的原则应该是将货物立刻卸下，但只要运输的过程存在可变性，比如天气和交通等不确定因素，缓冲期就有必要，以确保收货计划有序进行。通常本地路线可能只需要几小时的缓冲期就能保证稳定运行，而对跨国运输路线，则可能需要几天的缓冲时间。

ABE小组比较了计划和实际的结果，了解影响某条路线的变化因素，估算出某个路径可能需要的缓冲时间，计算的方式是用百分比乘以整体运输时间。

缓冲期计算

计算缓冲期					
线路名称	供应商数量	线路距离（英里）	运输时间（小时）	运输时间的正常波动	货车缓冲期（小时）
A121	3	500	11	10%	1.1
A141	4	1,000	22	15%	3.3
海外1	9	4,000	480	20%	96

缓冲期的计算要基于承运商和你所设计的路线系统的稳定性。一条本地路线可能只需要1小时的缓冲期，而来自国际供应商的集装箱则可能要好几天的缓冲期。

4．每周开展 PDCA

每周的 PDCA 会议会回顾一周内发货、收货和货场的运营情况。每个环节的负责人、制造部经理和物料部经理都需要参加会议。

会议议程包括：

● 收货计划绩效：比较分析收货作业的人力和设备的计划和实际投入量

● 发货计划绩效：比较分析发货作业的人力和设备的计划和实际投入量

● 调度计划绩效：比较分析调度作业的人力和设备的计划和实际投入量

这些会议的重点在于发现问题，并及时有效地解决问题。举例来说，ABE 公司的经理们发现上周的五个工作日内，A131 路线出现三次延误事故。在 PDCA 会议上，司机解释了当时的情况。因为正好是下班时间，很多员工准备回家，路上的车辆都很多，因此无法在预定的时间将货车从货场移至码头。为此，货场管理团队立即调整了调度计划，以避免这一时段内的交通冲突。

> **减少检验过程**
>
> 在精益供需系统中，从供应商到客户端的物料流和信息流都讲求连续流动。发货和收货过程中的各种检验都是非增值的工作，应该尽量避免。要做到这一点，需要从源头确保每一个作业环节的质量，并做好防错工作，包括：
>
> ● 在物料离开供应商之前对其进行确认。若发现待发货的物料和客户要求的不同，要在发货之前处理。
>
> ● 把目视化管理和防错技术应用在物料出货和发货的过程中。

针对 ABE 公司所有产品进行的货场改善

通过 ABE 公司货场改善取得如下成绩：

● 发货、收货以及货场管理的成本从 80 万美元降至 54.5 万美元。建立规范化流程明显降低了运营成本；制订详细的发货和收货计划，使得人力和物力资源的效率提高；按照生产节拍进行作业，减少了工作量在峰值和谷值之间波动带来的浪费；在货场实施可视化管理，减少了停滞的货车以及寻找所花费的时间。

● 订单达成率：从 18% 提高至 25%。令 ABE 公司感到惊喜的是，规范化的收货作业暴露了供应商供货过程中的问题，在将这些问题反馈给供应商后，促进了订单达成率的提高。

● 原材料库存：从 2500 万美元降至 2375 万美元。

● 在制品库存：从 900 万美元降至 810 万美元。

● 成品库存：从 4392 万美元降至 3952 万美元左右。库存降低主要源于提高了供需系统中进出货物的速度，以及周期内物料流动的平稳性。值得注意的是，ABE 正在降低原材料、在制品以及成品库存，不过最终只以成品库存作为库存绩效的汇总。

● 库存连带成本：从大约 1710 万美元降至 1570 万美元左右。库存下降带给 ABE 公司更多的现金流。

● 应收账款：从 1920 万美元降至 0。因为 ABE 开展的各项活动有效地改善了应收账款。

● 现金流：从 200 万美元增至 660 万美元左右。库存的减少使库存连带成本得以降低，从而增加了现金流。

● 供需系统总成本：从大约 4350 万美元降至 4180 万美元左右，占销售额的比例从 16.4% 降至 15.8%。

供需系统总成本报表

供需系统总成本	出货物流	发货、收货及货场管理
运营绩效影响		
现金	$2,000,000	$6,622,000
应收账款	$1,920,000	$0
原材料库存	$25,000,000	$23,750,000
在制品库存	$9,000,000	$8,100,000
成品库存	$43,920,000	$39,528,000
总库存	**$77,920,000**	**$71,378,000**
订单达成率	**18%**	**25%**
损益表影响——年度		
销售	$265,000,000	$265,000,000
发货、收货及货场管理		
发货人员的工资		$206,250
收货人员的工资		$131,250
管理物料的运营费用		$18,750
搬运与管理物料的设备		$90,000
货场管理的人工费用		$33,750
货场管理的设备费用		$45,000
用于储存货物的挂车或货柜		$20,000
小计	$19,357,500	$545,000
库存连带成本		
资本成本（财务按年度平均库存的8%计算）	$6,233,600	$5,710,240
库存损坏(3%)	$2,337,600	$2,141,340
库存保险(4%)	$3,116,000	$2,855,120
库存报废：账面(4%)	$3,116,000	$2,855,120
库存缺失(3%)	$2,337,000	$2,141,340

续表

供需系统总成本	出货物流	发货、收货及货场管理
总库存连带成本	$17,142,400	$15,703,160
供需系统总成本	$43,489,900	$41,795,660
供需系统总成本占销售的百分比	16.4%	15.8%

物料采购

收货标准化对于构建精益供需系统具有至关重要的作用。没有公司愿意接受在制造流程中收到的物料和零件来自不同的供应商，包装规格也不同，因为如此一来他们要花时间去区别每个零件并找出自己需要的零件，这样容易产生混淆和错误。不过，这种情况在物料接收部门却相当普遍，不同供应商送来的物料，在批量大小和包装形式上也迥然不同，因此混淆和延误时有发生。

ABE 公司供需系统负责人和来自采购、物料管理、进货物流以及包装工程等部门的人员通过以下方式引入了标准化作业：

- 规范补给触发及订货方式，建立与供应商的合作关系。

- 制定 PFEP，使物料流和信息流透明化。

- 尽可能地减少订货数量（MOQs），使进货数量与实际需求相匹配。

● 根据零件的使用情况选择合适的补给方式。

为了更好地建立物料采购的标准化操作，ABE进一步采取了以下四项措施：

——确定当前采购流程并将其形成文件；

——建立标准化采购流程；

——为每个零件建立补给方式；

——每周定期开展PDCA回顾。

1. 确定当前采购流程并将其形成文件

在ABE公司，通常通过电话、传真、E-mail、电子数据交互（EDI）以及供应商互联网发出订货单。为了确定当前的订购流程并将其文字化，ABE小组使用了SIMPOC表格（供应商—输入—测量—流程—输出—客户）。通过426号产品的SIMPOC表格，ABE的管理人员发现不同的采购员使用不同的采购工具和方法，从而就开始规范和改善作业的程序。

当前采购流程的 SIMPOC

	Sam	Jane	Ryan
供应商	生产计划	生产计划	供应品消耗
输入	MRP 预测驱动	MRP 预测驱动	基于最低/最高水平手工订购
测量	库存周转次数	平均库存天数及加急运输费用	由于缺件导致的停线
流程	运用 EDI 向供应商发布订单	通过 E-mail 向供应商发布订单	通过传真向供应商发布订单
输出	和供应商交流很少,供应商按自己的计划发货,有大量的库存	和供应商有一定的交流,部分产品按照需求发货,有多余的库存	和供应商有一定的交流,低库存水平
客户	原材料仓库	原材料仓库	生产线

ABE 公司物流信息汇总规划

通用数据								
零件号	供应商编码	供应商名称	平均日用量	容器类型(纸箱)	批量大小(最小订购量)	容器长度(英寸)	容器宽度(英寸)	容器高度(英寸)
912524	123504	ABC Inc.	500	纸箱	50	48	9	12
912525	123504	ABC Inc.	2,500	纸箱	500	24	22.5	24
912526	123504	ABC Inc.	1,200	纸箱	200	24	15	16
912527	123504	ABC Inc.	800	纸箱	50	48	9	12
912528	123504	ABC Inc.	6,000	纸箱	500	24	22.5	24
912529	123504	ABC Inc.	150	纸箱	20	24	15	16
912530	123504	ABC Inc.	450	纸箱	30	48	9	12

注:此表仅是一个典型的 PFEP 的物流信息部分。

2. 建立标准化采购流程

ABE 邀请与 426 产品进货材料相关的采购及计划人员一起，建立标准订购流程，要求采购员以及供应商配合，以达到增强物料流动平稳性、提高供应商订单达成率以及消除浪费等目的。

使用产品物流信息汇总规划（PFEP）

建立每一个产品的 PFEP 是建立标准化采购过程最有效的途径。PFEP 涵盖了每个来自供应商的零件，以及发送给客户的成品的详细信息，包括运输、包装、库存、位置、订单数量以及操作步骤等必要的信息。

一个产品的 PFEP 由以下四部分组成：

- 会计/采购：价格与历史价格、发货条款以及销售条款。

- 制造：这个零件在制造过程中被使用的时间和地点。

- 工程：零件规格和设计要求。

- 物流：包装尺寸、批量大小的详细资料，以及发货和收货信息。

产品信息汇总规划

容器总重量	每个容器内的产品数量	每个托盘的容器数量	托盘长度（英寸）	托盘宽度（英寸）	托盘高度（英寸）	同一托盘上是否存在不同产品？是/否	托盘装卸方向：长度/宽度/两者皆可	托盘可堆叠的数量 1=1个，2=2个，以此类推	是否有害物质？是/否	是否可回收？是/否
45	5	20	48	45	48	是	宽度	1	否	否
35	50	8	48	45	48	是	宽度	1	否	否
30	20	12	48	45	48	是	宽度	1	否	否
25	5	20	48	45	48	是	宽度	1	否	否
40	50	8	48	45	48	是	宽度	1	否	否
45	2	12	48	45	48	是	宽度	1	否	否
45	3	20	48	45	48	是	宽度	1	否	否

（表头合并：托盘数据 / 其他）

负责的小组会完成PFEP的数据采集和审核工作。在完成PFEP后，需要关注以下几个关键问题：

● 如何匹配供应商的最小订购量与工厂的实际平均日消耗量？我们是否会因为最小订购量的限制而采购过量的物料？

● 是否所有物料都有包装数据？如果没有，如何确保货车和存储空间的有效使用？如果有包装数据，是否采用标准化的包装方式？

第五部分　发货、收货、货场管理以及物料采购 / 121

● 我们是否清楚供应商和客户所在的位置？这看似一个很基本的信息，但许多公司并不清楚供应商和客户的实际位置，计算机系统里储存的过时信息往往是导致这个现象的原因。

3. 为每个零件建立补给方式

每个进货的零件和出货的产品都需要一个与产品特性匹配的补给策略。这将是公司导入精益供需系统由简入难的转折点。补给可以采取以下几种方式：

● **流动/看板**：适用于消耗量稳定的标准件，比如在流程中固定的间隔时间内消耗量大致平稳的一种标准件。

● **及时供货（JIT）**：适用于消耗频率相对较低，且其使用量随时间变化的物料。这类物料的消耗不稳定，不适用于看板拉动。

● **预测/计划**：适用的产品具有较长的前置期，或者是偶尔使用的，比如季节性强的物品。这类物品通常带来不稳定。

看板系统通过物料的消耗来触发补给，而及时供货要求物料在需要时及时送到。许多公司还没有建立均衡的生产方式，这意味着不是所有的物料都能稳定地流动。在这种情况下，稳定流动的物料应该采用看板系统，而欠稳定流动的物料可以采用及时供货的补给方式。

ABE 小组通过对三种补给方式进行对比分析（详见下表），确定了各种进货零件应使用的方法。前置期较短并且消耗量稳定的零件可以采用看板的方式。而对国外采购件，前置期比较长，但消耗数量平稳，还是采用看板的方式。但对于那些前置期长、消耗又不稳定的零件，ABE 将继续采用预测和长远计划的方式。（ABE 小组已经意识到这个问题，正在努力缩短前置期，尽可能实施看板和及时供货的方式）

补给方式分析

因素	流动/看板	及时供货(JIT)	预测/计划
国内供应商	前置期短 消耗稳定		
海外供应商	前置期长，但消耗稳定		前置期长，但消耗不稳定
发往多个目的地的通用供应商	一体化		
零件成本（库存连带成本）		高成本零件	
零件体积		大体积零件	
零件重量		大重量零件	
零件年用量	稳定		
零件使用频率（日稳定性）	在很多产品上使用		

续表

因素	流动/看板	及时供货(JIT)	预测/计划
工厂储存能力及限制		高复杂性	
线边陈列限制（双箱、料架）		高复杂性	
运输成本	集中运输		
零件差异性（颜色、尺寸）		高复杂性	

4. 每周定期开展 PDCA 回顾

PDCA 对于制订物流计划和零件采购至关重要。如果不按标准化的采购流程，将会产生过量的库存，并产生其他浪费。此外，供需系统中人员及项目的变动可能直接影响物料和零件的采购。这些变动包括新产品和新零件的导入、工程变更以及物料和零件包装的变更等。因此，当发生变化或有不可避免的问题产生时，有必要通过规范化的 PDCA 通知相关人员参与进来。

ABE 公司通过每周的 PDCA 会议可以发现零件和物料采购过程中的问题，并深入探究其根本原因。他们要求公司内可能影响零件和物料采购的人员，包括物料计划、进货物流、采购以及包装工程的所有人员，都要参加。

这些人员每周共同讨论下列事宜：

（1）有哪些新的零件？

（2）这些新零件的包装信息是否已输入产品物流信息汇总规划（PFEP）？

（3）零件的批量和最小订购量是否合理？

（4）用什么方式从供应商处采购这些物料？

（5）上周物料采购方面有什么值得学习的？

> **PDCA 的价值**
>
> 零件和物料的采购流程往往由于高度的不确定性而相当杂乱。在这种情况下，每周进行一次 PDCA 回顾是必需的。如果你的采购流程非常混乱，建议你考虑每天进行 PDCA，直到采购流程处于正常情况。

针对 ABE 公司所有的产品实施物料采购改善

通过改善零件和物料采购取得以下成绩：

- 现金流：从大约 660 万美元增至 900 万美元左右。随着库存的降低，ABE 的现金流将继续增长。

- 原料库存：从大约 2380 万美元降至 2140 万美元左右。关注物料计划和零件采购使原料的库存大幅下降，这主要得益于采购系统准确性的提高、物料计划的标准化作业，以及采购批量与产品的生产节奏和消耗模式相互配合等举措。

- 订单达成率：从原来的 25% 提高至 30%。物料计划员减少救火和催货，因零件不足、低于最小库存量而导致的生产延误也因此减少。

- 零件和物料采购成本：从 18.5 万美元降至 13.875 万美元。由于 ABE 在供需系统中引入拉动式生产，受人为因素的影响降低，取而代之的是基于 ABE 公司物料超市的看板触发机制。

- 总库存连带成本：从大约 1570 万美元降至 1520 万美元左右。原材料库存的降低使得库存连带成本得以降低。

- 供需系统总成本：从大约 4180 万美元降至 4120 万美元左右，从占销售额的 15.8% 降至 15.6%。

供需系统总成本报表

供需系统总成本	发货、收货及货场管理	物料采购
运营绩效影响		
现金	$6,622,000	$8,997,000
应收账款	$0	$0
原材料库存	$23,750,000	$21,375,000
在制品库存	$9,000,000	$8,100,000
成品库存	$43,920,000	$39,528,000
总库存	**$77,920,000**	**$69,003,000**
订单达成率	25%	30%
损益表影响——年度		
销售	$265,000,000	$265,000,000
物料采购及计划		
人工：从事物料采购及计划的人员工资		$112,500
与物料采购及计划相关的管理费用		$26,250
小计	$185,000	$138,750
库存连带成本		
资本成本（财务按年度平均库存的8%计算）	$5,710,240	$5,520,240
库存损坏 (3%)	$2,141,340	$2,070,090
库存保险 (4%)	$2,855,120	$2,760,120
库存报废：账面 (4%)	$2,855,120	$2,760,120
库存缺失 (3%)	$2,141,340	$2,070,090
总库存连带成本	**$15,703,160**	**$15,180,660**
供需系统总成本	**$41,795,660**	**$41,226,910**
供需系统总成本占销售的百分比	15.8%	15.6%

第六部分　进货物流和供应商合作

第六部分　进货物流和供应商合作

进货物流

1. 收集当前进货物流的数据
2. 绘制进货物流网络的现状图
3. 制定一个基于拉动的库存超市策略
4. 制定一个基于拉动的运输策略
5. 从仓储向"配送中心"的转变
6. 制定一个基于拉动的包装策略
7. 建立每日物流的工作流程和PDCA

ABE公司进货物流方面的改善

供应商合作

1. 确定供应商合作的标准化作业参数
2. 基于产品质量、生产能力及对实施精益的热情等条件，来选择和评价供应商
3. 组织供应商合作会议
4. 收集供应商的绩效数据
5. 共同识别和消除浪费
6. 建立一个与外部供应商沟通的平台

进货物流

ABE 公司已经逐步改善了其供需系统的下游端，客户合作和出货物流，以及公司内部的发货、收货、货场管理及物料采购等区域。与此同时，公司也在上游端付出了努力，希望更好地管理和改善进入公司的原材料和零部件的过程。因此 ABE 学着像出货物流一样，开发了一套适用于进货物流的标准化方案。他们采取的行动包括：

- 收集当前进货物流的数据；
- 绘制进货物流网络的现状图；
- 制定一个基于拉动的库存超市策略；
- 制定一个基于拉动的运输策略；
- 从仓储向"配送中心"的方式转变；
- 制定一个基于拉动的包装策略；
- 建立每日物流的工作流程和 PDCA。

1. 收集当前进货物流的数据

进货物流走向未来状态的第一步就是收集数据，了解现状。

这些数据应该包括：

- 供应商的发货地点。

- 从每个供应商处采购的零件号。

- 从供应商处获得每个零件的消耗量。

- 每个供应商的送货频次。

- 当前物流网络的运输成本。

核实、标准化和整理信息需要下点功夫并花点时间，但这是了解进货物流现状的关键。举例来说，ABE公司目前的数据库中已经有了供应商的办公地址，但这并不一定就是发货地点；零件号的信息往往也过时了，或者是储存在不同的信息库里。

ABE公司认识到收集进货物流信息对于对比供应商物料的进货流和设备的实际消耗量是至关重要的。为此，ABE团队（物料计划员、物流经理和工程师）设计了下面的进货物流表来收集这些信息。

进货物流数据

供应商信息		设施信息	
年度采购金额	$150,000,000	收货时间	6:00a.m.– 5:00p.m.
供应商数量		收货码头数量	2
国际	10	卸货门数	6
国内	150	叉车数量	24
采购的零件数量		拖车数量	0
国际	50	物流人员数量	80
国内	950	物料储存的空间	45,000 平方英尺
当前供应商业绩		现有仓库数量	5
准时交付率	98%	位置范围	大区内
达成率	未测量	占地面积	2,500,000 平方英尺
		现有配送中心	无
是否进行供应商配货？	否	位置范围	无
是否进行供应商排序？	否	占地面积	无
ABE 公司是否承担所有的运输费用？	否		
采用可回收容器的供应商数量	5	**库存信息**	
占供应商数量百分比	3%	平均库存天数	17
		平均库存金额	$10,200,000
运输信息		库存周转次数	14.7
进货运输费用	$5,000,000		
运输方式	多种	**包装信息**	见 PFEP
运输模式	零担、包裹、整车		

2. 绘制进货物流网络的现状图

ABE 团队整理了供应商地址、零件数量信息以及发货频次的信息，并且尽力补充遗漏的信息。通过这些工作，他们绘制了一幅未来状态价值流图，用来识别和规划循环取货及整合发货的机会。根据 PFEP 的计划发货频次，小组制订了改进计划，以便能在增加发货频次的同时，减少进货物流的运输费用。

发货频次分析

供应商	日货运量（货车）	每日装货次数	每日运输次数	两次装货间隔距离	总里程	单位里程成本	额外的停车站点费用*	日均成本	货车利用率
Johnson 铝业	1.5	2	2	680	1,360	$1.50	0 x $25 = 0	$2,040	75%
Super 紧固件	1.5	2	2	602	1,204	$1.50	0 x $25 = 0	$1,806	75%
总计	3	4	4	641	2,564			$3,846	75%

每日两次
75% 货车利用率

每日两次
75% 的货车利用率

供应商	日货运量（货车）	每日装货次数	每日运输次数	两次装货间隔距离	总里程	单位里程成本	额外的停车站点费用*	日均成本	货车利用率
Johnson 铝业	1.5	3	3	691	2,073	$1.50	3 x $25 = $75	$3,335	100%
Super 紧固件	1.5	3	3						
总计	3	3	3	691	2,073			$3,335	100%

每日3次
100% 货车利用率

*运输商通常会为额外停车站点收取额外的费用。

3. 制定一个基于拉动的库存超市策略

这样做的目的是在 ABE 的工厂里建立一个最小数量的原材料和零件库存。为了防止零件短缺及其他无法预期的变化，最有效的解决方案是设立一个进货超市，在超市里保持需要的库存。小组通过评估每个零件的 PFEP，建立了适当的库存和需要的储存空间，并且从 5054 号零件开始，逐步扩展到其他用量大且需求相对稳定的零件。

依据当前的状态，ABE 每个月从东部电器订购 1000 件 5054 号零件，每月收货 2 次，每次 500 件。换句话说，在任何时候，仓库内可能都会有 500 件以上的库存。ABE 公司通过和东部电器合作，决定不再将库存储存在仓库，而改放在一个靠近生产线的进货超市里。东部电器每周发送 200 件产品到超市，而 ABE 每天从超市中拉动 50 件产品。这个进货超市可以视为 ABE 公司订货的定拍工序，它根据实际消耗触发一个补货的信号给东部电器。

> **超市和仓库**
>
> 很重要的一点，要记住超市和仓库的概念不同。超市的产品应该是连续流动的，按照小时或者天数计量，而不是按照周或者月。如需了解关于超市的更多信息，可以参考麦克·鲁思和瑞克·哈里斯合著的《创建连续流》。

4. 制定一个基于拉动的运输策略

供应商的物料超市系统需要一个外部物流网络来规划批量的大小、最小订购量，整合运输路线以及发货频次，以匹配拉动补充循环。这种小批量、高频次的发货方式，可以在不提高运输费用的情况下实现。

ABE公司希望整个运输系统能够更有效地提高设备及资源的使用率，以更好地进行物料整合、循环送货以及交叉配货。举例来说，ABE小组设计了一个发货频次分析（详见第130页），他们发现与其每天两次用不同的货车运输，不如转换为每天三次的循环取货。整合后可以减少货车数量，提高利用率，降低运输费用。

5. 从仓储向"配送中心"的转变

"配送中心"的功能就是整合来自多个供应商的物料送往同

一个目的地,或者将来自某个供应商的物料进行分配,运往不同的地点。"配送中心"与仓库的概念不同,货物通常不进仓库落地,只在供应商运往客户的过程中将物料从进货货车转移到出货货车上,仅停留几小时,最多不超过 1 天。

"配送中心"是驱动物料流动和减少仓储的一个重要方法。仓储意味着收货,然后储存这些物料,接下来分配,最后发货。但储存、等待以及分配等都是浪费。

"配送中心"通过转运平台将货物从一辆货车转移到另一辆货车上,不再需要储存。这个方法可以被用于:

● 将来自多个供应商的物料整合运往某个生产工厂,这种类型称为"多到一"。

● 将来自多个工厂的出货物流整合运往某个客户,这是另一种类型的"多到一"。

● 将来自某个供应商的物料分割运往多个生产工厂,这种类型称为"一到多"。

● 将来自一个工厂的出货物流分割运往多个客户,这是另一种类型的"一到多"。

"配送中心"对于 ABE 公司来说是一个巨大的变化。为了更有效地转变，开始时最好把"配送中心"和传统的仓储并行一段时间。

- 将当前的仓库隔离一部分出来作为"配送中心"。
- 基于各零件和成品的稳定性，按照发货次数、消耗量以及复杂程度，有选择性地实施"配送中心"。
- ABE 公司日后将更多的产品纳入供需系统的改善范围内，逐步实现从仓储到配送中心的转变。

流程透明

"配送中心"必须严格遵守"标准化作业"，做好流程透明化、产品标签以及 PDCA 等，以确保中心的良好运转。流程透明意味着建立了一个系统，让有关人员能实时地知道库存在哪里，能看到库存的移动是否执行到位。一旦了解了库存的流动，就能够实施 PDCA 循环中的"检查"及"行动"环节，从而确保物流计划和库存策略的有效执行。

在和供需系统合作伙伴的共同努力下，ABE 小组通过已有的技术建立了流程的可视化。比如说，将所有的供应商输入到线上发货通知系统（ASN）中，通过这个系统发送每天的订单，包括零件号、数量以及提货车辆的到达时段。供应商在提货货车预计到达前 30 分钟，将预备发货的准确信息更新到系统中。如果两者有任何不同，系统会立即发送邮件警报给 ABE 公司的物料计划员和物流供应商。ABE 公司有 30 分钟的时间紧急联络供应商确定具体的问题，在货车到达前采取必要的措施。万一供应商不能按照订单发货，ABE 公司将会面临零件短缺，就要做出相应的调整。

6. 制定一个基于拉动的包装策略

包装在进货物流与出货物流中一样扮演着重要的角色。小批量和最小化的包装可以提高货车的空间利用率，并且可以有效地与生产过程衔接。ABE 公司的物流部门和生产部门合作，设计出支持生产线的最佳包装方式。有些公司使用塑料或金属的可回收容器来实现这个目标，不过，购买可回收容器可能会增加短期成本。

为了理解总成本，小组成员设计了一个计算容器数量的公式，来计算可回收容器可能带来的财务收益（详见下页）。如果仅计算包装成本，硬纸板箱的年度成本较低，为 44,400 美元，可回收容器为 53,280 美元。不过，当加上运输费用、一次性容器浪费的费用，以及使用可回收容器减少的产品损坏率，总成本每年可以节省 45,130 美元。尽管每年增加了 240 次运输，但因为使用可回收容器抵消了额外增加的运输次数的成本，总成本还是有所节约。

可回收容器计算

供应商: GT 元器件 零件号: 6771		目前容器: 一次性纸箱 推荐容器: 可折叠回收容器	
推荐容器		**目前容器**	
日用量	1,100	标准包装数量	30
标准包装数量（目标）	30	每日纸箱用量	37
每日容器数量（目标）	37	每年纸箱用量	8,880
		纸箱单件成本	$5
		年度总成本	$44,400
容器周转天数-库存			
ABE	2 天		
在途：运往供应商	1 天		
供应商	3 天		
在途：运往ABE	1 天		
应急（安全库存）	1 天		
总天数	**8 天**		
总可回收容器数量（日用量 x 总天数）		296	
容器单件成本		x$180	
总采购成本（所需现金）		$53,280	
容器预计使用年限		÷4年	
年均成本（采购成本/使用年限）		$13,320	
容器维修或更换比率		10%	
维修或更换费用		$1,332	
年运输次数/新运输路线		240	
每次运输增加的维护和更换成本		$378	
增加的运输费用		**$90,720**	
新容器年度总成本		**$105,990**	
节省金额		**其他节省**	
年度生产天数	240	一次性纸箱减少	$44,400
每天的货车数量	2	零件损坏的减少	$16,000
年累计货车数量	480	小计	$60,400
每辆货车估计成本	$378		
目前年度运输费用	$181,440		
估计空间节约	50%		
年运费节省	**$90,720**		
年度节省总计	$90,720	+ $60,400	$151,120
净节省（$151,120 总省-$105,990 新容器成本）			$45,130

7. 建立每日物流的工作流程和 PDCA

精益的运输和仓库管理是公司每天运营计划的一部分。对于进货物流而言，掌握好进货对于下游工作的成功至关重要。许多公司仅仅对物流网络进行一次性的分析，却忽略了检查计划的执行情况。一段时日之后，计划的执行情况就会随着各种变化而越来越差，导致大量运输资源的浪费、库存的增加以及供需系统绩效的降低。

为了使计划系统有效执行，ABE 每天组织 PDCA 会议，评估进货物流的情况。参会人员包括物流工程师、物料计划员以及来自关键承运商的代表们。评估的内容包括：

- 承运商绩效。

- 承运商对于路线的反馈。

- 供应商在优化设计方面的限制。

- 供应商指标达成率。

- 运输设备的利用率。

- 非预期的问题。

举例来说，在一次会议上，ABE 讨论了一辆两天前到达工厂的货车被严重闲置的案例。ABE 的物流工程师被要求去查明原因。他们发现 Unicorp 公司发货的量不足需求的 50%，这很不正常。工程师们与 Unicorp 公司交谈之后很快找出原因，问题在于缺少可回收的容器。工程师们利用可回收容器计算表重新确定了需要的可回收容器数量，来匹配 Unicorp 的生产和发货计划，并立即对进货物流计划做出了调整。

ABE 公司进货物流方面的改善

通过全面改善进货物流，ABE 公司取得了以下成绩：

- 进货物流：实施循环的物流运输以及配送中心系统来达成物料的流动，将进货物流的运输费用从 530 万美元左右降至 420 万美元左右。

- 原材料库存：从 2140 万美元左右降至 1920 万美元左右，主要通过循环取货、应用可回收容器及货量整合，增加运输频次。

- 订单达成率：从 30% 提高到 33%，主要得益于在供应商处检验零件。这项工作减少了 ABE 收货员工的负担，因为零件的检验在源头而非在零件的接收点完成。

● 总库存连带成本：由于库存的减少，库存连带成本从大约 1520 万美元减少到 1470 万美元左右。

● 现金流：由于库存的减少，现金流从不到 900 万美元增加到 1110 万美元左右。

● 供需系统总成本：从大约 4120 万美元减少到 3970 万美元左右，从占销售额的 15.6% 减少到 15%。

供需系统总成本报表

供需系统总成本	物料采购	进货物流
运营绩效影响		
现金	$8,997,000	$11,134,500
应收账款	$0	$0
原材料库存	$21,375,000	$19,237,500
在制品库存	$8,100,000	$8,100,000
成品库存	$39,528,000	$39,528,000
总库存	$69,003,000	$66,865,500
订单达成率	30%	33%
损益表影响（年度）		
销售	$265,000,000	$265,000,000
进货物流		
运输：从供应商处进货		$2,975,000
运输：公司内部进货相关		$0
运输：进货加急运输费用		$500,000
人工：从事进货物流管理人员的工资		$187,500
与进货物流相关的管理费用		$18,750
配送中心：运营费用		$500,000
小计：	$5,275,000	$4,181,250
库存连带成本		
资本成本 (财务按年度平均库存的8%计算)	$5,520,240	$5,349,240
库存损坏 (3%)	$2,070,090	$2,005,965
库存保险 (4%)	$2,760,120	$2,674,620
库存报废：账面 (4%)	$2,760,120	$2,674,620
库存缺失 (3%)	$2,070,090	$2,005,965
总库存连带成本	$15,180,660	$14,710,410
供需系统总成本	$41,226,910	$39,662,910
供需系统总成本占销售额的百分比	15.6%	15.0%

供应商合作

供应商合作是实施整个供需系统流动的一个关键，许多公司意识到了这一点，却不知道如何去建立与供应商的关系，特别是如何开始互动。其实就像供需系统的其他部分一样，答案就是要使用标准化作业。

ABE 公司为了建立供应商合作的标准作业，采取了以下行动：

——确定供应商合作的标准化作业参数；

——基于产品质量、生产能力及对实施精益的热情等条件，来选择和评价供应商；

——组织供应商合作会议；

——收集供应商的绩效数据；

——共同识别和消除浪费；

——建立一个与外部供应商沟通的平台；

1. 确定供应商合作的标准化作业参数

ABE 公司把供应商合作和开发当作一个持续改进的过程。

供需系统负责人组建了一个供应商管理小组，成员包括物料计划员、采购员及供应商质量工程师，并且基于标准化作业制定了一个供应商合作战略。小组通过以下问题来指导战略的策划。这些问题的答案帮助把供应商合作转换为一个可以标准化并且持续改善的过程。

输入：哪些人需要参与供应商开发的活动。

流程：如何合作并且帮助开发供应商的能力。

时间：何时以及以怎样的节奏和供应商合作。

输出：双方期待从供应商合作中获得哪些收益。

2. 基于产品质量、生产能力及对实施精益的热情等条件，来选择和评价供应商

当选择新的供应商或者对现有供应商进行评估时，必须设定对他们实施精益改善的期望。这能帮助你日后评估供应商实施精益和合作的意愿。实施精益非常重要的一项是质量必须从源头抓起，理想的状态是一开始就把事情做对。因此，尽早选择正确的供应商，对于有效的供应商合作十分重要。

当选择一个新的供应商时，ABE 公司首先要确定供应商能否按照正确的质量、正确的数量,以正确的价格,在要求的时间内制造出所需的产品。为了满足这些目标,ABE 公司的供应商管理小组必须到现场考察供应商的实际能力。在面对面的会谈中,小组成员清楚地描述了 ABE 公司的期望,并且要求供应商提供实例来证明他们的能力。大部分工作在 5054 号零件绘制价值流图的过程中已经完成,可以依此类推到其他零件和供应商。

ABE 公司:

- 检测了生产线的生产能力、质量保证及标准化作业情况;

- 确定了供应商为 ABE 设立的库存;

- 观察供应商的核心工程并找出浪费。

在选择和评价供应商的时候,很重要的一点是采用总成本的观念。最好的供应商并不意味着价格最低。举例来说,ABE 小组评估了两家国内供应商。一家供应商从订单到发货的前置期为 2 天,如果 ABE 公司从这家供应商订购材料,材料会在 2 天内到达。这意味着他们只需要在 2 天前被通知,就可以按时送货。即使市场状况发生变化,最迟也能在第 3 天完成。

ABE 小组将这家公司和第二家价格较低的供应商在同一个

项目上进行比较，发现第二家公司的前置期为 45 天。如果市场情况在 45 天之内发生变化，ABE 公司将无法获得需要的零件。ABE 必须建立可观的成品库存，因此最终选定了前置期为 2 天的那家供应商。

为了说明在供应商选择过程中总成本思维方式的重要性，ABE 公司特别编制了一个总成本对照表，强调前置期的重要性。这个例子展示了一个国内供应商相比一个国际供应商的优势，即使国际供应商的单价较低，国内供应商仍是更好的选择。

供应商总成本比较

	国际供应商		国内供应商	
库存				
供应商处		5,000套		1,000套
在途		20,000套		2,000套
工厂内		20,000套		2,000套
总库存		45,000套		5,000套
采购成本				
预计年采购量		250,000套		250,000套
单位成本	$2.75	$687,500	$4.00	$1,000,000
运输费用	20%	$137,500	2%	$20,000
关税等	6%	$41,250	1%	$10,000
采购总成本		$866,250		$1,030,000
供应链成本				
库存连带成本				
资本成本	8%	$9,900.00	8%	$1,600
库存损坏	3%	$3,713.00	3%	$600
库存保险	4%	$4,950.00	4%	$800
库存报废：账面	4%	$4,950.00	4%	$800
库存缺失	3%	$3,713.00	3%	$600

续表

	国际供应商	国内供应商
加急运输	$75,000.00	$5,000
供应链总成本	$102,225	$9,400
业务费用		
质量成本	$50,000	$5,000
供应商管理	$40,000	$5,000
预测错误	$20,000	$5,000
业务费用总计	$110,000	$15,000
总计	$1,078,475	$1,054,400
差异		-$24,075

低成本压力和总成本思维

如果你仅因为产品的单价而被迫从低成本国家采购，可能会发生什么状况呢？大多数成功的公司都战略性地从距离生产线近的地区采购原料或零件，主要是想减少供应商从订单到发货的前置期。这种战略已经被证明是一个建立持续的合作关系非常重要的条件。

一般情况下，从低成本国家采购，并没有考虑影响总成本的前置期和库存两个因素。如果你不能在客户期望的时间内完成材料订购、生产及发货，就必须预测客户的需求，提前安排生产。这种情形要么导致过量生产，要么不足以满足客户的需求，这是典型的推动式生产系统，很难维持客户的满意度。

降低进货物流前置期能加强供需系统对需求的承受力。这种柔性能力使供应商可以学习拉动系统，消除过量生产，提高客户订单的达成率，所以能降低成本。令客户满意的订单完成率可以带来更多的销售额。

供需系统的柔性承受力定义了一家公司在市场情况发生变化时的反应能力。客户会依照市场需求改变对产品的需求。一家公司的柔性越强，就越能快速采取行动，在情况发生变化时快速反应，让库存的问题最小化。

如何变得更具有柔性？减少供应商的前置期是最有效的方法。你必须对那些可能增加前置期的供应商提出严格的质疑。

3. 组织供应商合作会议

要达成供应商合作，几乎对供应商的每一步传统做法都要作出重大调整。ABE 公司要求供应商改变发货批量、频次以及方式，采用标准化作业和包装。许多精益供需系统的方案往往在实施前就遭到供应商的质疑，因为他们害怕它所带来的后果，并且会立即反问"我需要付出多少成本"。为了回答这个问题，ABE 公司的供应商管理团队邀请相关的供应商一起，讨论公司实施精益的愿景和运营计划。

在会议上 ABE 管理层着重介绍了供需系统总成本的项目

计划，并解释了大家将如何从中获益。他们强调了坚持、诚实和开放性沟通的重要性。他们要确保供应商明白，每个人都是决策过程的一部分，而不是命令他们改变，因为这样只会带来抵制。

供应商关系的三个阶段

没有一个合作战略能适用于所有的供应商，因为并非所有供应商在与客户合作时都处于同样的水平。通常供应商要经历三个阶段，才能成为具有共同目标的供需系统合作伙伴。

第1阶段：基于产品质量、生产能力及对实施精益的热情选择供应商。

第2阶段：供应商证明他们能够满足客户在成本、质量和交付方面的期望。

第3阶段：客户和供应商合作，持续改善，为整个供需系统带来改进。

4. 收集供应商的绩效数据

为了识别和解决供应商的问题，需要对供应商的表现进行定期并准确的评估。供应商必须用实际数据来证明他们的能力。有许多公司采用月度或者季度的平均数据，但这些数据可能导致不正确的评估。

ABE 公司最注重的评价指标是订单的达成率，这项指标反映出一个供应商满足交付需求的实际能力。为了确保该数据的准确性，ABE 按照供应商交货的频次收集、计算和公布这项指标的信息。

像其他公司一样，ABE 公司刚开始时并没有足够的数据去评估供应商，但在收集了几周的数据之后，就有了足够的信息去发现供应商的表现。因此，ABE 继续收集供应商每天的数据，作为 PDCA 循环的根据。

ABE 的供应商们很快证明了他们能够满足日常的交付要求，能在正确的时间内，以正确的数量和价格交付正确的产品。ABE 公司分析了日常的数据，并且和供应商一起讨论，不仅注重减少浪费，更多的是为了稳定日常的运作，从而使供应商的绩效更加可视化、可预测和可靠。

理论上讲，ABE 公司应该和所有的供应商建立紧密的合作关系，但这不切合实际，因为供应商的供货量和其重要性是有区别的。因此，ABE 采用一个简单的矩阵，通过供货量和达成率将供应商分类（详见下图）。供应商被分为几个不同等级，那些供货量大但达成率低的供应商需要优先处理。

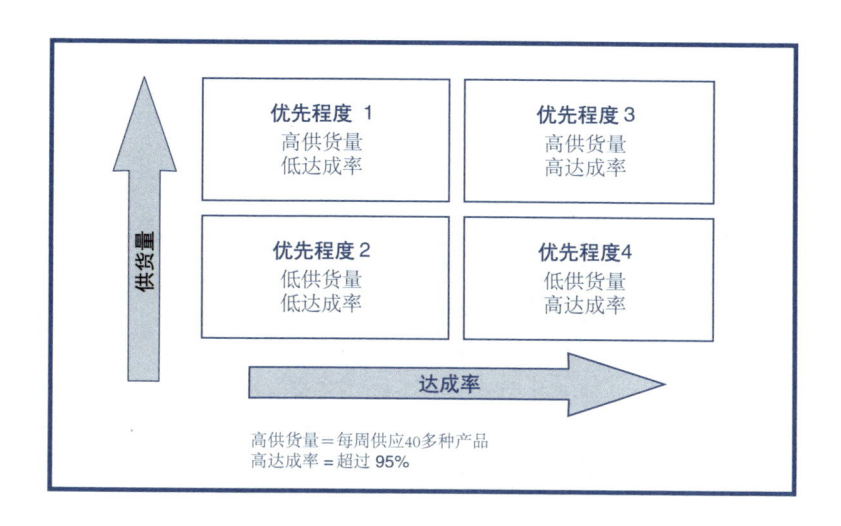

```
┌─────────────────────────────────────────────────┐
│   ↑                                             │
│   │   ┌──────────────┐   ┌──────────────┐       │
│   │   │ 优先程度 1   │   │ 优先程度 3   │       │
│   │   │ 高供货量     │   │ 高供货量     │       │
│   │   │ 低达成率     │   │ 高达成率     │       │
│   │   └──────────────┘   └──────────────┘       │
│ 供货量                                          │
│   │   ┌──────────────┐   ┌──────────────┐       │
│   │   │ 优先程度 2   │   │ 优先程度 4   │       │
│   │   │ 低供货量     │   │ 低供货量     │       │
│   │   │ 低达成率     │   │ 高达成率     │       │
│   │   └──────────────┘   └──────────────┘       │
│                                                 │
│              ──────── 达成率 ────────→           │
│                                                 │
│   高供货量 = 每周供应40多种产品                  │
│   高达成率 = 超过 95%                            │
└─────────────────────────────────────────────────┘
```

ABE 优选供应商

确定哪些供应商需要优先关注之后，ABE 公司和供应商一起制订了一个行动计划，使工厂运作得更加稳定；通过会议进行建设性的交谈，让他们明白 ABE 愿意用一种合作的方式去解决问题。

供应商绩效改善发展计划

涉及人员					日期	时间	交流工具
物流	采购	物料计划	供应商				
				安排 1 小时的供应商电话会,会议内容如下:	5/21	10:00	电话会
×	×	×	×	交流 ABE 的愿景以及对供应商参与的需求			
×	×	×	×	回顾达成率的指标			
×	×	×	×	识别并讨论相关问题			
×		×	×	讨论并确定根本原因			
×		×	×	确定短期的临时对策			
×		×	×	确定长期解决方案,包括行动措施及时间节点			
			×	分发信息至相关部门			
×	×	×	×	根据甘特图组织每周 PDCA 会议			
				供应商无法达成上述战略时的临时策略			
×		×	×	就特殊事项组织与供应商的 1 小时会议			
×	×	×	×	组织与供应商面对面的交流(地点待确定)	5/21	10:00	电话会

这是 ABE 公司与供应商用来作出改进的一个行动计划。它从左到右列出了完成每一项行动的责任方、改善供应商达成率所需的行动步骤,以及日期、时间和交流工具。

> **获取供应商的数据**
>
> 到供应商处索取数据并不容易。因此供需系统委员会的供应商代表必须事先做好基础工作,然后才能收集所需的信息。

供应商 PDCA

ABE 公司的供应商管理团队针对那些有问题的供应商实施紧密追踪,通过每天的检查沟通才能使之得到改善。ABE 用收集的数据和供应商的等级计划,设定了和供应商进行 PDCA 会议的议程。当一个供应商在周一不能完成达成率时,ABE 会在周二完成根本原因的分析,并且执行改善行动。

ABE 公司要求供应商严格遵守以下纪律:

(1)供应商每天或每小时的产出及质量可视化。

(2)供应商每天的反馈必须成为一项标准工作。

(3)采用一个基于 PDCA 的问题解决模型,从最基本的问题解决工具开始,包括排列图、因果图、鱼刺图、5WHY 分析等。

(4)将向供应商反馈改善的成绩作为标准工作的一部分。

一旦 ABE 达到了供应商绩效的目视化,以及定期进行交流,供需系统的绩效就开始有了明显的改变。只要供应商能维持稳定,就能够通过彼此的合作,降低整个系统的前置期,减少浪费。

5. 共同识别和消除浪费

合作的最终目标是缩短供需系统前置期和降低成本,但不能通过强制要求供应商降价来达成。供应商的许多浪费往往是供应商和客户双方导致的,因此双方一定要积极合作寻求消除浪费的机会,并且负责任地消除它们。

ABE 公司采取的方式是使用供应商标杆比较表,用表格来比较 ABE 的两个运输商(详见下页),Bob 运输公司和 Tom 运输公司分别报出了每英里 1.43 美元和 1.42 美元的价格。如果没有表格中所展现的数据细节,ABE 的管理层会主观地认为这两家公司的运作成本结构是类似的。

运输商比较表

	Bob 运输公司	Tom 运输公司
拖车		
白班拖车-年度成本	$19,500	$18,000
夜班拖车-年度成本	$21,000	$19,500
每英里维护成本	$0.06	$0.05
每加仑燃油成本	$4.50	$4.51
燃油效率-英里/加仑	$6.55	$6.70
每英里燃油成本	$0.69	$0.67
挂车		
53英尺货柜年度成本	$3,900	$4,200
每英里维护成本	$0.025	$0.020
人工		
小时工资（个人）	$15.00	$16.00
小时工资（团体）	$19.00	$19.50
小时工资（调货）	$15.50	$15.00
福利占工资百分比	40%	38%
总小时工资（个人）	$21.00	$22.40
总小时工资（团队）	$26.60	$27.30
总小时工资（调货）	$21.70	$20.80

运行样本
- 白班拖车　　　　　　　　　　10 辆拖车
- 挂车　　　　　　　　　　　　25 辆挂车
- 预估年度里程（每台拖车）　　125,000 英里
- 总的年度里程　　　　　　　　1,250,000 英里
- 工时（个人）　　　　　　　　25,000 小时

成本分析	Bob 运输公司	Tom 运输公司	最低成本
白班拖车	$195,000	$180,000	$180,000
维护成本	$75,000	$62,500	$62,500
燃油成本	$858,779	$841,417	$841,418
挂车	$97,500	$105,000	$97,500
维护成本	$31,250	$25,000	$25,000
人工成本（个人）	$525,000	$560,000	$525,000
总成本	**$1,782,529**	**$1,773,918**	**$1,731,418**
每英里成本	**$1.43**	**$1.42**	**$1.39**

不过仔细研究这些数据之后，ABE 团队发现 Bob 运输公司在拖车、拖车的维护及保险方面的成本较低，而 Tom 运输公司

则在车辆维护和油耗方面具有成本优势。

通过运输商成本的目视化，ABE 小组发现降低总体运输成本最好的机会在车辆维护上。通过与两家运输商就他们的车辆维护进行了交流，ABE 小组得知 Tom 运输公司在预防性维护方面的频次和深度做得较好：要求车辆制造商每年做一次定时的维修，费用包含在租赁合同中。ABE 小组在与 Bob 运输公司交流时也建议他们实施定期维修，降低每公里的燃油成本。

6. 建立一个与外部供应商沟通的平台

ABE 公司建立了一个与外部供应商共同讨论的平台，以鼓励持续的合作。所有供需系统的参与者都能借助这个平台，分享某家公司的决策如何影响到其他公司的经验。通过这种方式，使得彼此了解到在共有的供需系统中存在的多种浪费。

供应商在各自公司的支持及 ABE 供需系统委员会的合作参与下，建立标准化的解决问题方法，借之带动改善，并分享经验，主要的课题包括可回收容器的管理、减少运输燃油附加费，以及缩短前置期等。

标杆对比表和供应商合作

使用标杆对比表是对供应商合作的一个考验，因为你可能要求互相竞争的公司彼此交换信息，而供应商并不愿意分享。但要记住，供应商之间不必分享他们不愿意公开的信息。只要你能找出那些驱动供应商成本优势的主要因素，就能进行标杆对比，找出最佳实践。接下来，你就可以在供应商中去尝试和推动那些最佳实践，从而降低总成本。

有些公司还没有弄清某个供应商的最佳实践，就去要求另一个供应商采用同样的手段。他们忘记了标杆对比的目的是寻求一个最佳实践，而不是偷学某家公司的方法。

ABE公司组建了一个供应商论坛，其成员包括来自采购、生产和物流部门的员工，以及供应商的代表。最初，ABE公司邀请5个最大的供应商和3个物流服务提供商参加，并且计划每年更换4个成员，以确保所有的供应商都有机会参与。为了保证持久性，每个成员最多只能参与两年，这种方式鼓励了更多的参与者，激励创新，避免流于形式。

供应商论坛每个季度会召开一天的会议，与会者讨论过去三个月的运营情况、ABE作出的决定及其对供应商的影响。

ABE 公司分享整体供需系统的成绩,并确认下个季度的行动计划。会后,ABE 将会议纪要、行动计划及问题整理成会议记录,发送给各个供应商。

ABE 公司供应商合作方面的改进

通过供应商合作获得的主要成绩:

●现金流:从大约 1110 万美元增加到 1310 万美元左右。持续的库存减少释放了更多的现金。

●原材料库存:随着前置期和柔性的改善,库存从大约 1920 万美元减少到 1730 万美元左右。

●订单达成率:从 33% 提高到 42%。通过与供应商的紧密合作,缩短了前置期,并改善了整体供需系统的订单达成率。

●供应商合作成本:从 55 万美元降到 41.25 万美元。随着供应商稳定性的改善,这意味着在紧急运输方面将节省可观的人力资源与费用。

●总库存连带成本:从大约 1470 万美元减少到 1430 万美元左右,较少的库存带来较低的库存连带成本。

●供需系统总成本:从 3970 万美元左右减少到大约 3910 万

美元，从占销售额的 15% 降到 14.8%。

供需系统总成本报表

供需系统总成本	进货物流	供应商合作
运营绩效影响		
现金	$11,134,500	$13,058,250
应收账款	$0	$0
原材料库存	$19,237,500	$17,313,750
在制品库存	$8,100,000	$8,100,000
成品库存	$39,528,000	$39,528,000
总库存	$66,865,500	$64,941,750
订单达成率	33%	42%
损益表影响——年度		
销售	$265,000,000	$265,000,000
供应商合作		
人工：从事供应商合作相关人员的工资		$375,000
供应商合作相关的管理费用		$37,500
小计：	$550,000	$412,500
库存连带成本		
资本成本	$5,349,240	$5,195,340
(财务按年度平均库存的8%计算)		
库存损坏 (3%)	$2,005,965	$1,948,253
库存保险 (4%)	$2,674,620	$2,597,670
库存报废：账面 (4%)	$2,674,620	$2,597,670
库存缺失 (3%)	$2,005,965	$1,948,253
总库存连带成本	$14,710,410	$14,287,185
供需系统总成本	$39,662,910	$39,102,185
供需系统总成本占销售额的百分比	15.0%	14.8%

第七部分　持续改善

第七部分　持续改善

　　新的现状

　　持续改善

ABE 公司在供需系统推行精益改善两年之后，将总成本降低了 24%，从原来超过 5100 万美元下降至大约 3910 万美元，从占销售额百分比来看，ABE 的供需总成本从 20.4% 下降到 14.8%。

ABE 的高层以及供需系统委员会对这个结果十分满意，财务总监两年前要求大家降低 2000 万美元成本的目标也成为可能，而企业内部的产品开发及生产过程中的精益改善，则有助于进一步缩短与目标的差距。

在供需系统实施初期，ABE 的高层和供需系统委员会都没有认识到供需系统对公司财务状况所能起到的作用。不过，现在他们开始认识到供需系统总成本的重要性以及进一步改善可能创造的机遇和利润。

供需系统委员会成立两年来，其组成人员只有很小的变动：一个成员离开了 ABE，另一个退休了。ABE 管理层认为现在可以对委员会进行改组，需要从 ABE 以及供应商中招募新人，但保留一部分经验丰富的老人，从而在 ABE 和其他公司继续加强供需系统的实力。

ABE 高层领导和供需系统委员会同意，在接下来的几个月中原有供需系统的领导层必须继续履行其职责，以确保新老委员会的平稳过渡，同时保证第二阶段的改善有一个良好的开端。

新的现状

新团队的第一项任务是比较分析426号产品和5054号零件的现状、过去以及未来状态（见下表），他们与相关人员进行访谈，并到六个主要区域的现场参观，目的是收集信息，既为过去两年中取得的重大收益作总结，同时也提出未来的改善计划。

ABE 绩效数据表——426 号产品及 5054 号零件供需系统

	最初的状态（2年前）	建议的未来状态（2年前）	新的现状（目前）	相比于最初的状态的改善率
流程前置期（天）	72~119	8~13	13	82%~89%
库存（总天数）	89	10	11	88%
库存金额	$3,034,500	$383,750	$422,125	86%
连带成本 (22%)	$667,590	$84,425	$92,868	86%
订单达成率	6%	42%	41%	提高了35%

客户合作

ABE 公司和西北 HVAC 公司的合作关系有了很大改善。目前西北公司每天只接收消耗数量的产品，即 50 套 426 号产品。双方都相信以后可以采用每日两次的送货方式补给 426 号产品，这个改变需要上游供应商保证稳定供货来改善客户订单的达成率，未来目标是 90%。

在过去两年中，西北公司对其终端客户的响应变得更加迅速，同时对市场情况也更加了解。ABE 的管理层相信将这个系统应用到其他产品上，将会提升公司对市场需求的应变能力，比如：本年初夏的热浪所引发的需求，以及消费者的关注点；政府的新激励政策带动高价位、高效率的空调的销售。更重要的是，加强客户协作为 ABE 公司带来了新的产品和服务的商机。新团队将探索如何从 ABE 分销中心直接发货到西北公司的客户手里。

出货物流

ABE 小组已经把配送中心的每日配送量和西北公司每日的消耗量（50 套产品）匹配起来。这与原来每月两次、每次 500 套的送货频率截然不同。不仅如此，426 号产品在区域分销中心的缓冲库存已经降至 100 套。整个物流网络的平稳需求使得 ABE 公司能稳定保持从工厂到配送中心，再到客户端的运输节奏。配送中心的订单达成率因而从原来75%提升至90%（虽然如此，仍未达到95%的规划目标）。配送中心能够更有效地利用空间，建立起循环供货的配送模式，与更多的客户建立类似的合作关系，减少加班时间和加急运输。

库存天数显著下降，从20天降至2天。出货物流的下一步改善，例如每天两次向西北公司运送25套产品，将进一步降低库存并释放更多的存储空间。不过，精益小组还是决定采取谨慎的态度，以免为西北公司带来风险，影响ABE公司的商誉，并危害建立的客户关系。

发货、收货和货场管理

货场已经建立了有序的计划和可视化的位置卡，以及司机的标准化作业。这些工具有助于把发货和收货活动与消费者的实际消耗匹配起来，精减了劳动力并且缩短了工作时间，提高了货车使用率。运输部门的订单达成率从原来的58%上升至85%，与先前的计划目标86%相比，相差无几。

货场管理已近乎完美：组织分工明确，标识清晰明了，两年前的混乱现象已不复存在。可视化管理已经基本消除了临时储存的拖车，工人也很少会像从前那样到处寻找零件。这些改善使得货场的库存量低于半天的平均库存，而过去是17天的量。整体运营波动趋于均衡化，减少了工人的工作压力，提高了作业的安全性。

随着组织的合理化，计划安排更加准确，包装大小的改进，比如426号产品的包装从原来每箱250个减少至每箱10个。物流部门经理计划日后将进货直接送上生产线，由司机将物料按照看板指示送到生产工序。即使在每个生产单元还会保留少量的缓冲库存，但这种做法可以更进一步减少库存。

供应商零件和物料采购

进货物流工程师提高了运输频率，并且减少了批量。运用每个产品的物流信息规划（PFEP）增强了员工的信心。每个人都知道每个零件的订购特性，比如：如何进行采购，当订单或订购过程出现问题时，他们可以迅速识别出来。对每种产品建立不同的补货方式，一改过去ABE采用的千篇一律的补货方法。

进货物流

现在ABE每天收到50件5054号零件，与原先每季度进货3000件的收货方式完全不同。有序的物流管理和存放地点利用率的提高，以及运用配送中心和循环取货的方法，提高了运输频率，减少了库存。零件缺陷在离开东部电器之前就能被发现并改善，使得进货物流的订单达成率从原先的 83% 提高至 92%，达到了规划的目标。

精益小组努力寻找更多进货物流的改善机会，特别是针对 5054 号零件，计划通过循环取货与配送中心的改善为即将上线的 426 号产品的新零件做准备。精益小组深知当产品进行升级转换和零件变更时，正是重新规划物流设计的大好时机。

供应商合作

东部电器的订货达成率从原来的 66% 提高至 85%，达到了原先规划的目标。同样值得关注的是，平均库存天数也从 30 天减少至 2.5 天。

对于东部电器和 ABE 团队来说，要想成功地实现供应商合作，至关重要的就是要通过不断地 PDCA 明确基于市场端的问题、争议和机遇。尽管 5054 号零件的需求量大幅度增加，但东部电器仍然可以用较短的时间、较少的劳动力以及工作强度来完成 ABE 的订单。我们可以看到东部电器已经通过合作以及流程改善使得整个供需系统获得巨大的效益，达到了第 3 级供应商的水平。

持续改善

ABE 公司的新团队重新绘制了 426 号产品的价值流现状图，并确定了一个新的未来价值流图。同时，ABE 公司及其合作公司的数百名员工仍继续执行着标准化作业，从而维持在过去两年中所作出的诸多改善。

供需系统的领导者会定期提醒员工进行每日监控，确保供需系统持续改善和减少浪费。每天检查能快速发现问题，并及时提出解决方案，既确保流程的规范性，也能揭露现场存在的问题。日积月累，它就会形成趋势以发现改善机会与设定目标，并且以此进行客户与供应商的沟通。

除此以外，领导层要求各个部门的管理者执行 PDCA，井然有序地运作。供需系统的领导层不可能自己来管理庞大的供需系统，因而需要不同部门及区域的团队遵循 PDCA 原则，来实现管理目标。从更高的层面来看，供需系统委员会和外部供应商协会继续督促 ABE 公司及其供应商将重点放在整个供需系统的总成本上，而不只是关注短期的目标或单一部门的表现。

对 ABE 公司、客户、供货商以及整个供需系统而言，他们会一直向前，不断进步！

精益企业中国（LEC）

精益企业中国（Lean Enterprise China, LEC）是一个非营利性组织，2005年成立于上海，是全球精益联盟（Lean Global Network, LGN）32个国家会员之一。

LEC的使命是促进精益思想在中国的传播和实践，帮助企业精益转型，增强竞争力，回馈社会。我们的愿景是建立中国精益知识平台，引领精益人才培养。

LEC致力于把精益理念和方法引进中国：

・系统性引入精益知识体系：翻译及推出了34本精益专业书籍

・凝聚精益同好，共同学习分享：举办了14届全球精益高峰论坛

・启动中国企业精益实践的研究：出版了5本《精益实践在中国》

www.leanchina.net.cn

图书在版编目（CIP）数据

建立一个精益的供需系统 /（美）罗伯特·马蒂琴科（Robert Martichenko），（美）凯文·凡·格拉贝（Kevin von Grabe）著；精益企业管理咨询（上海）有限公司 译. —北京：东方出版社，2023.4
（精益实践）
书名原文：Building a Lean Fulfillment Stream
ISBN 978-7-5207-2686-3

Ⅰ.①建… Ⅱ.①罗…②凯…③精… Ⅲ.①物流管理—案例 Ⅳ.① F252.1

中国版本图书馆 CIP 数据核字（2022）第 039592 号

Building a Lean Fulfillment Stream
Copyright© 2010 by LEI
All rights reserved.
This edition published by arrangement with LEC.

中文简体字版专有权属东方出版社
著作权合同登记号 图字：01-2021-5844 号

建立一个精益的供需系统
（JIANLI YIGE JINGYI DE GONGXU XITONG）

作　　者：	［美］罗伯特·马蒂琴科（Robert Martichenko）
	［美］凯文·凡·格拉贝（Kevin von Grabe）
译　　者：	精益企业管理咨询（上海）有限公司
责任编辑：	申　浩
出　　版：	东方出版社
发　　行：	人民东方出版传媒有限公司
地　　址：	北京市东城区朝阳门内大街 166 号
邮　　编：	100010
印　　刷：	北京联兴盛业印刷股份有限公司
版　　次：	2023 年 4 月第 1 版
印　　次：	2023 年 4 月第 1 次印刷
开　　本：	880 毫米 ×1230 毫米　1/32
印　　张：	6.125
字　　数：	100 千字
书　　号：	ISBN 978-7-5207-2686-3
定　　价：	49.00 元
发行电话：	（010）85924663　85924644　85924641

版权所有，违者必究

如有印装质量问题，我社负责调换，请拨打电话：（010）85924602　85924603